GREGÓRIO VENTURA
ELIANE VENTURA

# REZANDO 40 DIAS COM ROSA MÍSTICA

***Uma experiência de oração, sacrifício e penitência***

EDITORA
SANTUÁRIO

1ª impressão



Rua Pe. Claro Monteiro, 342 – 12570-045 – Aparecida-SP
Tel.: 12 3104-2000 – Televendas: 0800 - 0 16 00 04
www.editorasantuario.com.br
vendas@editorasantuario.com.br

Agradecemos e oferecemos este livro:
A Deus, que nos concedeu a graça da saúde e
da vida para servimos sua obra.
A Jesus Cristo, nosso mestre e Senhor,
e a Virgem Maria nos ter
inspirado estes escritos.
A nossos pais e a
nossos filhos Esther Maria,
Sarah Mariana e João Pedro.
A todos que colaboram e servem
à Casa de Acolhimento
Rosa Mística, em especial,
a todas as nossas acolhidas.

# APRESENTAÇÃO
## 40 dias com Rosa Mística, uma experiência de oração, sacrifício e penitência

Estamos atravessando tempos difíceis, em que os cristãos têm sido provados em sua fé. São muitas as almas que se distanciaram do verdadeiro sentido dos ensinamentos divinos e muitas se entregaram ao pecado. O próprio pecado tem sido descredibilizado. O demônio, com seus furiosos e astuciosos ataques, tem direcionado os filhos de Deus para a rebeldia da fé, inclusive investindo contra as almas consagradas.

A experiência de oração deste livro foi colocada pela Virgem Maria em nosso coração, durante uma viagem, no momento em que rezávamos o Rosário mariano. Ela foi nos inspirando. É uma jornada de oração. Muito agrada o coração de Deus que sejamos intercessores nesta batalha espiritual, rezando por nós e pela humanidade. O povo de Nínive teve sua sentença revertida quando o profeta anunciou que a cidade seria destruída e todos começaram a rezar, fazer sacrifícios e penitência:

> Jonas começou a andar pela cidade durante um dia e pregava: "Daqui a quarenta dias Nínive será destruída". Os cidadãos de Nínive creram em Deus e promulgaram um jejum, vestiram roupas de saco, desde o maior até o menor deles. A notícia chegou ao rei de Nínive, e ele se levantou do trono, tirou o manto, cobriu-se de saco e sentou-se sobre a cinza. Mandou proclamar e publicar em Nínive: "Por decreto do rei e de seus nobres, homens e animais, grandes e pequenos, não provem nada; não tomem alimento nem bebam água. Homens e animais se cubram de saco e invoquem a Deus com todas as forças; cada um se converta de sua má conduta e da violência que está em suas mãos. Quem sabe? Talvez Deus volte atrás, arrependa-se e deixe de lado seu ardente furor, de modo que não morramos?" E Deus viu suas ações,

isto é, que se haviam convertido de sua má conduta. Deus então arrependeu-se do mal que havia ameaçado fazer-lhes e não o fez (Jn 3,4-10).

Em Gênesis, lemos que Abraão clamou ao Senhor pelo povo de Sodoma e Gomorra:

Os homens partiram, pois, e se dirigiram a Sodoma, enquanto Abraão ficou ali na presença de Javé. Abraão se aproximou e lhe disse: "Exterminareis o justo com o pecador? Talvez haja cinquenta justos na cidade: quereis realmente exterminá-los? E não perdoaríeis aquele lugar, em atenção aos cinquenta justos que lá se encontram? Longe de vós agir assim, fazendo morrer o justo com o ímpio, de modo que o justo seja tratado como o pecador; longe de vós! O juiz de toda a terra não fará justiça?" Respondeu Javé: "Se em Sodoma eu encontrar cinquenta justos na cidade, em atenção a eles perdoarei toda a cidade". Abraão prosseguiu: "Vê como ouso falar a meu Senhor,

> eu que sou pó e cinza... Talvez aos cinquenta justos faltem cinco; por causa desses cinco destruireis toda a cidade?" Respondeu-lhe Javé: "Não a destruirei, se lá encontrar quarenta e cinco justos". Abraão retomou ainda a palavra e disse: "Talvez lá se encontrem apenas quarenta". E ele respondeu: "Não o farei, em atenção àqueles quarenta". Abraão insistiu: "Não se irrite meu Senhor, se falo ainda; talvez lá se encontrem somente trinta". Ele respondeu: "Não o farei, se encontrar ali trinta". Abraão continuou: "Eu me atrevo a falar ao meu Senhor. Talvez lá se encontrem vinte". Ele respondeu: "Não a destruirei, em atenção àqueles vinte". Abraão replicou: "Não se irrite meu Senhor se falo ainda uma vez só; talvez lá se encontrem dez". E ele respondeu: "Não a destruirei, por causa desses dez". Javé retirou-se, tendo terminado de falar com Abraão, e este retornou a sua habitação (Gn 18,22-33).

No entanto, apesar de Abraão ter conseguido a misericórdia de Deus, o povo não se converteu, e o justo Ló e sua família foram resgatados e salvos, no entanto, as cidades foram devoradas pelo fogo.

Moisés também se pôs como intercessor pelo povo, quando Deus propôs dar-lhe uma nova nação, porque aquele era "um povo de cabeça dura" e estava a adorar um bezerro de ouro. Pelo pedido e clamor de Moisés, o Senhor concedeu sua misericórdia:

> Javé disse ainda a Moisés: "Tenho observado este povo: é um povo de cabeça dura. Deixa, portanto, que se acenda minha ira contra eles e os consuma. De ti, porém, farei uma grande nação". Moisés então suplicou a Javé, seu Deus, e lhe disse: "Por que, Javé, se acenderia vossa ira contra vosso povo que tirastes da terra do Egito com grande poder e mão forte? Por que os egípcios haveriam de dizer: Foi com má intenção que os levou, para os matar nas montanhas e exterminá-los da face da terra? Aplaque-se o furor de vossa ira e renunciai ao mal com que ameaçastes vosso povo. Lembrai-vos de Abraão, Isaac e Israel, vossos servos, aos quais jurastes por vós mesmo e dissestes: 'Multiplicarei

vossa descendência como as estrelas do céu, e darei a vossa descendência, como posse para sempre, toda esta terra de que vos falei. Javé desistiu do mal que pensara fazer a seu povo" (Ex 32,9-14).

Façamos memória às mulheres da Bíblia, como Sara, Esther e Judite, que se colocaram em oração e obtiveram vitórias surpreendentemente maravilhosas para si e seu povo. A Rainha Ester colocou sua vida em risco para salvar seu povo, comparecendo na presença do Rei. Antes, orou:

Também a rainha Ester, tomada de mortal angústia, procurava refúgio junto ao Senhor. Depôs suas vestes suntuosas e vestiu roupas de luto e de dor; em lugar de perfumes preciosos, cobriu a cabeça com cinzas e pó; mortificou duramente o corpo e, nos lugares onde costumava ostentar seus alegres penteados, deixava cair as tranças de sua cabeleira desfeita. Ela suplicou assim ao Senhor, Deus de Israel: "Ó meu Senhor, nosso rei, vós sois o Único; socorrei-me a mim, que estou só, e não tenho outro refúgio senão vós, pois um grande perigo me ameaça. Desde minha infância aprendi, no seio de minha família, que vós, Senhor, escolhestes Israel entre todas as nações e nossos pais entre todos os seus antepassados para vossa herança perpétua, e em seu favor executastes tudo o que havíeis prometido. Agora, pecamos contra vós, e por isso nos entregastes às mãos de nossos inimigos, por termos adorado seus deuses. Sois justo, Senhor! Mas agora eles, não satisfeitos com a amargura de nossa escravidão, colocaram as mãos sobre as mãos de seus ídolos, para frustrar a sentença que pronunciastes, para exterminar vossa herança, fechar a boca dos que vos louvam, extinguir vosso altar e a glória de vosso templo e abrir, ao invés, a boca das nações, para enaltecer os ídolos vãos e idolatrar continuamente um rei de carne. Não abandoneis, Senhor, vosso cetro a deuses que nem sequer existem; que não se riam de nossa ruína, mas fazei recair esses projetos sobre seus autores e puni exemplarmente o primeiro de nossos perseguidores. Lembrai-vos, Senhor! Manifestai-vos no dia de nossa aflição e dai-me coragem, Rei dos deuses e senhor de toda autoridade! Ponde em minha boca palavras persuasivas na presença do leão, voltai seu coração para o ódio a nosso inimigo, para a perdição dele e de seus seme-

> lhantes. Quanto a nós, salvai-nos com vossa mão e socorrei-me, porque estou só e não tenho senão a vós, Senhor. Vós conheceis todas as coisas e sabeis que odeio a glória dos ímpios, que abomino o leito dos incircuncisos e de todo estrangeiro. Conheceis a necessidade que me constrange e como detesto a insígnia de minha elevada posição, que trago na cabeça nos dias em que devo aparecer em público; detesto-a como a um pano imundo e não a trago nos dias em que estou retirada. Jamais vossa serva comeu à mesa de Amã, nem prestigiou os banquetes do rei, nem bebeu o vinho das libações. Desde sua promoção até agora, nunca vossa serva provou alegria a não ser em vós, Senhor, Deus de Abraão. Ó Deus, cuja força prevalece sobre todos, ouvi a voz dos desesperados, salvai-nos das mãos dos malfeitores e livrai-me de meus temores (Est 4,17).

Assim, o Senhor concedeu à Rainha Esther o pedido e salvou a vida de seu povo.

Na preparação da escrita deste livro, o Senhor nos inspirou uma passagem bíblica que aborda o poder da oração e como se deve rezar. Nessa passagem, o Senhor ensina aos discípulos a rezar e nos exorta que a oração verdadeira, feita com amor e humildade, é ouvida. É necessário clamar e pedir, insistir e persistir, tendo a confiança de que o Senhor nos ouvirá:

> E disse-lhes: "Se alguém de vós tiver um amigo e for procurá-lo à meia-noite para dizer-lhe: 'Amigo, empresta-me três pães, porque um amigo meu chegou de viagem e não tenho nada para lhe oferecer'; e se lá de dentro o amigo responder: 'Não me incomodes, a porta já está trancada, eu e meus filhos já estamos deitados, não posso levantar-me para te dar os pães'; eu vos digo, mesmo que não se levante para dar-lhe os pães por ser seu amigo, ele acabará levantando-se por causa de sua importunação para dar-lhe tudo o que precisa. Pois bem, eu vos digo: Pedi e vos será dado; buscai e achareis; batei e vos será aberto. Pois todo aquele que pede recebe; quem procura encontra; e ao que bate se abre. Qual é o pai entre vós que, se o filho pedir um peixe, lhe dará uma cobra em lugar do peixe? Ou, se pedir um ovo, lhe dará um escorpião? Se, pois, vós, que sois maus, sabeis dar coisas boas a vossos filhos, quanto

> mais o Pai do céu dará o Espírito Santo aos que lho pedirem! (Lc 11,5-13).

Estes 40 dias com Nossa Senhora Rosa Mística é uma experiência de oração, sacrifício e mortificação, na qual você fará uma caminhada de conversão e clamor pela humanidade. Nessa experiência, você irá aprofundar-se no autêntico carisma da "Rosa Mística". Assim, atenderá a seus pedidos para que possamos clamar pelas almas que necessitam e por tantos males que afligem este mundo e colocam espadas sobre seu coração e o coração de seu Filho. É preciso aplacar a ira de Deus, que tem usado de misericórdia conosco, porém o clamor de crianças inocentes, das injustiças, dos males e de tantos pecados, tem subido até seu trono e ofendido seu coração. Não pensemos que Deus tarda em executar sua sentença, pois São Pedro nos ensina em sua carta:

Mas há uma coisa, caríssimos, que vós não deveis esquecer: é que, para o Senhor, um dia é como mil anos, e mil anos como um só dia. O Senhor não tarda a cumprir sua promessa, como pensam alguns, mas usa de paciência convosco, pois ele não quer que ninguém pereça, mas que todos venham a converter-se. O dia do Senhor chegará como um ladrão. Naquele dia, os céus irão desaparecer com grande fragor, os elementos se dissolverão devorados pelas chamas, e a terra, com tudo que nela existe, será destruída. Ora, desde que todas estas coisas vão desintegrar-se, como não deve ser vossa perfeição na santidade de vida e na piedade, enquanto esperais e apressais a chegada do dia de Deus, no qual os céus em fogo se dissolverão e os elementos abrasados se fundirão! Mas, de acordo com sua promessa, nós esperamos novos céus e nova terra, onde habita a justiça (2Pd 3,8-13).

A Virgem Maria nos convida a ser como o povo penitente e orante de Nínive, a ser o Moisés e Abraão de hoje, as mulheres orantes de hoje, como Ester e

Judite, a ser pessoas de oração, como seu Filho nos ensinou, e a atender seu chamado para sermos missionários de seu jardim celestial e oferecermos rosas de amor ao Senhor diante das espadas cravadas do pecado. Este livro, que você agora tem em mãos, é composto de 3 (três) partes, sendo a **primeira representada com a rosa branca da oração**, com 13 dias, com os 13 perfumes de Rosa Mística; a **segunda, com a rosa vermelha do sacrifício**, com os 14 dias da Via-Sacra; e para completar a **terceira parte, com a rosa amarelo-ouro da penitência,** com os 13 dias de Reparação, com a meditação pelas grandes causas que têm ofendido o Coração de Jesus e Maria. Uma jornada em que Nossa Senhora Rosa Mística vai contando com as palavras cada dia da quarentena; escrevemos aquilo que nos veio no coração em profunda oração, como um próprio escutar do Coração Imaculado da nossa Mãe, que foi aquecendo nossa escrita. Ergamos nossas mãos e dobremos nossos joelhos, nesta jornada dos 40 dias de oração, com Nossa Senhora Rosa Mística.

*Gregório Ventura* e *Eliane Ventura*
Missionários de Nossa Senhora
Rosa Mística

## NOSSA SENHORA ROSA MÍSTICA SUA HISTÓRIA E SUA ESPIRITUALIDADE

*"Do tronco de Jessé sairá um ramo,*
*um bruto surgirá de suas raízes."* (Is 11,1)

Para bem rezar e vivenciar estes quarenta dias é importante que conheçamos sobre o título de Nossa Senhora Rosa Mística. Esse título foi aprovado pela Igreja, desde os primórdios, e consta na Ladainha da Virgem Maria. A devoção à Rosa Mística é uma devoção reparadora. Seu carisma nos ensina que tudo pode ser vencido pelo poder da oração, do sacrifício e da penitência. O carisma e a espiritualidade de Nossa Senhora Rosa Mística são cercados pelo amor, pela beleza e pelo cheiro perfumado das rosas, sendo a alma da Virgem Maria um perfeito jardim celestial, onde o Senhor fez o santuário Imaculado de sua presença.

Desde os primórdios da Igreja, os padres já chamavam a Virgem Maria de Rosa Mística, a rosa preferida do jardim celestial. Muitas poesias, que exaltam o nome de Maria Rosa Mística, foram escritas e proclamadas pelos padres. O Cardeal John Henry Newman (1801-1890) escreveu sobre esta devoção: "Como é que Maria Rosa Mística foi pré-eleita, flor perfeita da criação espiritual de Deus? Porque ela nasceu, é alimentada e guardada no Paraíso Místico ou Paraíso de Deus".

Foi no Jardim do Éden que o pecado entrou no mundo pela desobediência de Adão e Eva. Por uma mulher, o pecado entrou nos corações, e, por uma mulher, veio a salvação. É verdade que o Jardim do Éden foi manchado pelo pecado, por isso existe o pecado original. O fruto da desobediência gerou o pecado. Maria, Rosa Mística, é a rosa perfeita, que foi cuidada no jardim do paraíso de Deus; seu fruto é Jesus. Bendito é o fruto de seu ventre! Ela sempre foi apresentada em meio ao roseiral de flores, demonstrando que Ela é o jardim celestial perfeito, porque foi a flor perfeita da criação espiritual de Deus, que recebeu em seu ventre o verbo encarnado. Esse é o sentido místico de Maria Rosa Mística. No livro *Maria Rosa Mística, o Jardim Celestial perfeito*, a espiritualidade mística da devoção é explicada:

> Em Maria, o Jardim do Éden é resgatado com um "sim" ao projeto de Deus e um "não" para a serpente, que nunca teve lugar no jardim de Maria. Esse é o perfeito jardim celestial, uma terra onde corre "leite e mel". Maria, como consciente desse santuário, soube dar um "sim" a todos os dias de sua vida, regando e cuidando do templo vivo, seu Filho, Jesus. Maria aprendeu que Jesus era a fonte de água viva, que através do Espírito Santo jorra para a vida eterna; e que a verdadeira felicidade está em beber dessa água perene, que corre no santuário do coração. O Éden continua a ser manchado, no entanto, Maria, o perfeito jardim celestial, deseja que nos aproximemos para que suas rosas espirituais possam transformar

nossos corações. Em Maria, está esse jardim secreto, onde o amor de Deus foi derramado em todo o seu esplendor. Assim como o ar que respiramos na Terra, também o amor de Deus envolve o Coração de Maria, portanto é um Coração Imaculado. O amor de Deus é perfeito e, assim como penetrou eficazmente no Jardim de Maria, deseja ardentemente alcançar nosso jardim. O Jardim secreto de Maria carrega o segredo do amor que fez dela o Jardim Celestial Perfeito, aproxime-se de Maria (*Rosa Mística, o Jardim Celestial Perfeito*, de Gregório Ventura, Editora Palavra e Prece).

A espiritualidade de Rosa Mística é uma profunda intimidade com os pilares da fé. O brilho do sol do Jardim de Maria é o próprio Cristo Eucarístico. A fonte de água desse jardim é o Espírito Santo, seu esposo. É uma fonte eterna e perene. Por isso, falamos Rosário, ou seja, uma Coroa de Rosas. Maria é um caminho seguro que nos leva para Jesus, nosso Salvador. Pontos centrais da Rosa Mística são seus perfumes, como diz o escritor Alfonso

Milagro: "As flores deixam seus perfumes no lugar onde estiverem por algum tempo. A divindade esteve encerrada nove meses no seio de Maria; como não havia de deixar ali algo de divino?" Seus perfumes são os perfumes de Cristo. Os perfumes são suas virtudes que devemos aprender e cultivar. Na primeira parte deste livro, rezaremos um perfume a cada dia, ao longo dos primeiros treze dias desta quarentena.

A rosa, o jardim e a profecia de que uma virgem daria à luz são sempre citados na Bíblia. A ideia de Nossa Senhora como Rosa do Jardim de Deus não tem sua origem na aparição de Montichiari (Montes Claros), na Itália, contudo, essa aparição vem confirmar que Ela já era chamada de Maria Rosa Mística e vem selar aquilo que a Igreja já proclamava. As igrejas do oriente, no famoso hino "Akatistós Paradisis" fazem menção de uma espécie de Rosário, no qual se cantava a invocação: "Maria, tu 'Rosa

Mística', da qual nasceu CRISTO, maravilhoso, de inebriante perfume". Bernardo de Claraval, um santo e doutor da Igreja, canonizado em 1174, disse que "Eva era um espinho, ferindo, trazendo morte a todos; em Maria, vemos uma rosa, acalmando as feridas de todos, devolvendo o destino da salvação a todos". Na Igreja da Alemanha, existe uma pintura devocional consagrada a Maria, em 1138, repleta de rosas. O Cardeal John Henry Newman (1801-1890) comentou sobre a espiritualidade de Rosa Mística:

> Maria é a flor mais linda já vista no mundo espiritual. É pelo poder da graça de Deus que desta terra estéril e desolada brotaram todas as flores de santidade de glória; e Maria é a Rainha de todas elas. Ela é a Rainha das flores espirituais; e, portanto, é chamada de Rosa, pois a rosa é chamada de todas as flores a mais bela. Mas, além disso, ela é a Rosa Mística ou Oculta, pois mística significa oculta.

Portanto, Rosa Mística já é um título da Virgem Maria rezada, cantada e proclamada, antes da aparição mais famosa, que ocorreu na Itália, à jovem enfermeira Pierina Gilli.

A aparição de Rosa Mística, na Itália, para Pierina Gille, ocorreu entre 1946 e 1966, em sua primeira fase. Pierina Gilli nasceu em 1911, na região italiana de Brescia. Criada no seio de uma família católica, cresceu em meio à pobreza. Sempre piedosa na fé, levou uma vida muito simples, até sua morte, em 1991, aos 80 anos de idade. Com apenas dois dias de vida, foi consagrada pela mãe a Maria, no dia de Nossa Senhora das Neves. Em 1944, aos 33 anos, entrou para o convento das Servas da Caridade, sendo enviada como enfermeira a um hospital infantil, em Brescia. Nesse mesmo ano, contraiu meningite, sofrendo uma série de tribulações, que culminou na primeira aparição de Nossa Senhora Rosa Mística, que se deu em 24 de novembro de 1946. Nossa

Senhora apareceu a Pierina com o título de "Rosa Mística, Mãe da Igreja". Nessa primeira aparição, Nossa Senhora tinha três espadas cravadas em seu peito. Ela deixou a seguinte mensagem: *"Oração, sacrifício e penitência"*. A segunda aparição se deu em 1º de junho de 1947, quando Pierina pôde ver a Virgem Maria com os braços abertos e as três espadas cravadas em seu peito. Nossa Senhora Rosa Mística explicou a Pierina que aquelas três espadas seriam substituídas por três rosas; a rosa branca representa o espírito de oração, para reparar as ofensas causadas a Jesus pelos religiosos que traem sua vocação; a rosa vermelha representa o espírito de sacrifício, para reparar as ofensas que são causadas a seu Filho pelos religiosos que vivem em pecado mortal; por fim, a rosa amarelo-ouro representa o espírito de penitência para reparar as ofensas, que são causadas pelos sacerdotes-judas, e de maneira especial pela santificação do Clero. Aqui, percebe-se um ponto importante da devoção à Rosa Mística, que é a devoção reparadora.

A primeira aparição de Nossa Senhora Rosa Mística, com as três rosas no peito, deu-se em 13 de julho de 1947. O Padre Vincenzo Savoldi, que esteve com Pierine Gilli, antes de sua morte, escreveu, em seu livro *Maria, Rosa Mística,* como estava no diário de Pierina:

> Vi uma luz belíssima, muito brilhante, rasgando-se ao meio, como uma nuvem que deixa transparecer os raios de sol. No meio dessa luz, vi aparecer uma belíssima senhora vestida de branco, como se fosse feito de um cetim finíssimo; no mesmo resplendor do cândido vestido vi reflexos de luz prateada. Um manto também de cor branca, amarrado debaixo do queixo, descia-lhe da cabeça aos pés, deixando entrever sobre a testa fios de cabelos ondulados de cor castanho-claro. O manto e o vestido tinham a mesma candura e as bordas eram levemente bordadas de ouro. Apesar de ter certeza de estar diante de Nossa Senhora, perguntei: "Por favor, quem és tu?" Ela sorriu com complacência.

> Sua atitude majestosa era um convite à confiança. Com grande doçura, respondeu-me: "Eu sou a Mãe de Jesus e a Mãe de todos vós"... mostrava-me as espadas cravadas no peito, mas agora elas não estavam mais lá! Em seu lugar, destacavam-se três lindíssimas rosas de cor branca, vermelha e amarela, com reflexos dourados. Abaixei o olhar espontaneamente e vi no chão as três espadas aos pés de Nossa Senhora, no meio de rosas, da mesma cor daquelas que estavam sobre seu peito. Levantando novamente o olhar, observei que as rosas do peito tinham se ramificado e formado um nicho. Nossa Senhora se encontrava no meio daquele lindíssimo roseiral. Foi a primeira vez que a vi fora da luz. Ela disse: "Desejo que o dia 13 de cada mês seja um DIA MARIANO. Este dia deve ser precedido de doze dias de preparação, com orações especiais".

Assim, na Igreja, no dia 13 de julho se celebra a festa de Nossa Senhora Rosa Mística. As aparições a Pierina continuaram. A Virgem Maria a orientava sobre as práticas da devoção e da caridade. Em abril de 1966, no domingo da Divina Misericórdia, Nossa Senhora Rosa Mística apareceu a Pierina, na localidade de Fontanelle, que fica a três quilômetros de Montichiari. Em 13 de maio, uma data de sentido especialmente mariano, a Virgem Maria indicou uma fonte específica para Pierina, como um local de purificações e fonte de graças. Na aparição, Nossa Senhora Rosa Mística fala a Pierina que a fonte por Ela abençoada será uma fonte de graças para todos, especialmente aos doentes, que devem beber da água e em seguida lavar suas chagas. Um ponto fundamental da devoção está aqui, pois Nossa Senhora Rosa Mística diz a Pierina que ali começava sua missão, no meio dos doentes e necessitados. A caridade e as obras de amor aos mais necessitados fazem parte do carisma de Rosa Mística. Em torno de suas aparições, Ela pedia também obras sociais para ajudar doentes e necessitados. O devoto de Rosa Mística é um missionário do amor, comprometido com a reparação através da oração, sacrifício e penitência, e com a caridade com os mais pobres. Também em Fontanelle, em 1966, no dia da Festa de Corpus Christi, Nossa Senhora revela a Pierina o desejo de que o trigo produzido naquela região fosse transformado em Pão Eucarístico e que fossem feitas comunhões reparadoras. Pediu que no dia 13 de outubro estivesse em Fátima. De fato, esse desejo da Virgem Maria foi atendido, e o trigo foi enviado a Roma, onde o Papa Paulo VI o abençoou. Uma parte foi utilizada na santa comunhão e a outra parte foi encaminhada a Fátima. Nossa Senhora pediu que todo dia 13 de outubro fosse um dia dedicado à união mundial da Comunhão Reparadora. Aqui, percebemos o valor da eucaristia e a mística da rosa, que é alimentada pelo sol eucarístico. O devoto de Rosa Mística é um íntimo da adoração eucarística e um participante ativo da Santa Missa, já que o ponto central de nossa fé é o encontro íntimo com Jesus Cristo, nosso caminho, verdade e vida.

Em 1970, em uma das aparições a Pierina, Nossa Senhora Rosa Mística surgiu com uma medalha, redonda e dourada, sobre a palma das mãos. Em um lado, estava escrito Rosa Mística e, no outro lado, havia uma linda Igreja, sobre a qual estava escrito: "MARIA, MÃE DA IGREJA". Nessa aparição Nossa Senhora pediu que fosse cunhada esta medalha e fosse usada por seus devotos.

Em abril de 2001, no décimo aniversário da morte de Pierina Gilli, o bispo Giulio Sanguineti nomeou um padre para acompanhar o culto em Fontanelle. Posteriormente, em 17 de dezembro de 2019, o local mariano foi proclamado "Santuário Rosa Mística, a Mãe da Igreja". Em julho de 2024, o Vaticano, na carta assinada pelo Papa Francisco, declarou a autenticidade da mensagem, ao relatar que "não encontrou elementos nas mensagens divulgadas por Pierina Gill que contradigam diretamente o ensinamento da Igreja Católica sobre a fé e a moral.

Em vez disso, é possível encontrar vários aspectos positivos que se destacam nas mensagens como um todo".

Segue abaixo um resumo dos pedidos de Nossa Senhora Rosa Mística:

1. Ser o dia 13 de cada mês consagrado a uma especial devoção a Nossa Senhora, preparando-o com oração, nos doze dias anteriores;

2. Ser dia 13 de julho, de cada ano, festejado em honra a Maria Rosa Mística;

3. O dia 13 de outubro, de cada ano seja santificado como a Comunhão reparadora. Nossa Senhora pede a realização da União Mundial da Santa Comunhão Reparadora;

4. Todo dia 8 de dezembro, a cada ano, festa da Imaculada Conceição, celebrar, ao meio-dia, a prática de orações especiais, a chamada HORA DA GRAÇA;

5. Na devoção, devem-se fazer orações, sacrifícios e penitências, simbolizadas pelas três rosas que a Virgem traz no peito. Rezar pela santificação das almas

consagradas, a conversão dos infiéis e a santificação dos fiéis, e pelo aumento das vocações religiosas e sacerdotais;

6. Tem ainda, como objetivo, a reparação das ofensas contra a Eucaristia e contra o nome de Jesus e privilégios de Maria;

7. A reza do Terço, principalmente o Rosário Mariano;

8. O pedido das mil ave-marias, uma tradição de devoção que foi atribuída a Nossa Senhora Rosa Mística.

Também, de modo especial, principalmente no Brasil, reza-se o Terço das Lágrimas de Sangue. Esse Terço advém de experiências de choro da Virgem Maria, vertendo sangue em suas imagens de Rosa Mística. Além disso, segue a devoção das sete dores de Nossa Senhora das Dores e das lágrimas de Nossa Senhora das Lágrimas. O sofrimento da Mãe, que é capaz de chorar lágrimas de sangue por seus filhos amados. A Virgem que sofre por amor e chora lágrimas de sangue por tantas almas que se perdem e ofendem a Deus. Esse terço tem se espalhado por várias regiões e tem trazido muitas graças e bênçãos. A experiência das lágrimas de sangue nos ajuda a entrar nas dores da Virgem Maria e pedir a Jesus pelas lágrimas de Sangue de sua Mãe Santíssima. Ele não é especificamente um pedido da aparição em Montichiari, porém faz parte da experiência dos devotos que meditam as sete dores da Virgem Maria e também choram suas dores, perante a cruz de Cristo. A oração para todos os dias neste livro remete a esta experiência de chorar e reparar, com e por amor, junto de Rosa Mística – uma inspiração que veio em um momento de oração e compreensão da espiritualidade.

Por fim, temos visto a devoção de Nossa Senhora Rosa Mística se espalhar pelo mundo e pelo Brasil, como uma das devoções marianas que mais crescem. Temos muitas igrejas e santuários consagrados a Rosa Mística. A devoção à Virgem Maria é sempre uma devoção que nos leva a seu Filho Jesus. Para Nossa Senhora Rosa Mística, o milagre mais extraordinário será o regresso dos filhos à verdadeira e única fé e ao amor para com Deus, bem como a reconciliação e verdadeira paz no mundo. Salve, Rosa Mística! Viva, Rosa Mística!

## ORIENTAÇÕES PARA REZAR A QUARENTENA DE ROSA MÍSTICA

**Importante:** Estas orientações são para melhor usufruir desta quarentena e fazer a experiência de oração, sacrifício e penitência proposto. Caso seja possível, sempre que for rezar, acenda uma vela e procure colocar-se na presença de Deus, em um ambiente adequado.

Seguem as orientações, passo a passo, de como rezar:

**1º Colocar-se na presença de Deus** e pedir o Espírito Santo, rezando 3 (três) vezes: "Vinde, Espírito Santo, por meio da poderosa intercessão do Imaculado Coração de Maria, vossa amadíssima esposa" (3 x).

**2º Ler e meditar** a reflexão do dia (uma meditação para cada dia).

**3º Desafio do dia:** procurar comprometer-se a cumprir, preferencialmente, durante o dia, o desafio proposto na meditação.

* Caso o desafio do dia caia em um domingo e pedir jejum, pode-se transferir para a segunda, visto que domingo é o Dia do Senhor e não fazemos o jejum.

* Caso, por algum motivo justo, não seja possível cumprir o desafio do dia, pode-se substituí-lo por outro, ou fazê-lo em outro dia da semana; fazendo-o sempre por e com amor.

**4º Rezar a oração para todos os dias**, fazendo seu pedido e concluindo, conforme solicitado, com as orações. Ao rezar a oração para todos os dias, se possível, ajoelhe-se.

## ORAÇÃO PARA TODOS OS DIAS, APÓS A MEDITAÇÃO

Eu te amo, Nossa Senhora Rosa Mística! Estiveste aos pés da cruz de teu Filho e estás presente aos pés da cruz de nossa vida. Tuas lágrimas de sangue são lágrimas de sangue de teu Filho, derramadas no calvário, que continuam a ser derramadas em teus olhos, pelos pecados da humanidade. Choras lágrimas de sangue porque não respeitam mais o Criador, e as leis de Deus não são levadas mais em conta. Será que ainda podemos dizer que uma Mãe não é capaz de chorar, até sangrar seus olhos, pelos filhos que estão sofrendo? Dai-me, Mãe Rosa Mística, uma gota de teu sangue porque é o mesmo sangue que correu em teu filho no calvário, o sangue que obtém a misericórdia de Deus por nossos pecados, e concede-me, por tua intercessão, a graça *(fazer o pedido)*. Rosa Mística, quero chorar contigo! Ensina-me a rezar, a sofrer e a reparar com e por amor. Hoje, quero ajoelhar aos pés da cruz de Jesus e contigo chorar pelo absurdo dos males que afrontam o Criador. Hoje, quero chorar por meus pecados e pelos pecados do mundo. Que se ouçam apenas o correr de nossas lágrimas, minha Mãe Rosa Mística, as tuas de sangue e as minhas molhadas de água. Amém!

Faça um instante de silêncio *(imaginando-se diante da cruz de Cristo ou ajoelhando diante da cruz, se possível)*.

Rezar um Pai-nosso, 3 Ave-Marias e 1 Glória ao Pai.

# 1ª PARTE

## A ROSA BRANCA DA ORAÇÃO

## MEDITAÇÃO DIA 1
## O perfume da PUREZA

*"Felizes os de coração puro, porque verão a Deus."* (Mt 5,8)

Eu sou a Rosa Mística, pois assim fui chamada "no momento em que meu Divino Filho Jesus se fez homem". Eu sou o Jardim Celestial perfeito, de onde meu esposo, o Espírito Santo, jorra vivamente e continuamente. Sou a Rosa cantada e proclamada nas poesias e canções pelos santos. Sou a Imaculada que tenho o selo da pureza. Sou a Rosa do paraíso. Na mística da Rosa, esse título foi inserido, desde o princípio, na ladainha da Igreja. A pureza é um de meus perfumes, uma virtude que permitiu receber a presença e gestar meu Filho para a humanidade. Preste atenção como as impurezas ofendem o coração de Deus. Observe e veja como as impurezas impedem de receber as graças de Deus. É como uma água que suja o coração pelo corpo. Olhe para você, meu filho, e veja como as impurezas podem estar presentes em seu olhar; observe seus pensamentos e como tem deixado que pensamentos impuros estejam a conduzi-lo ao pecado; fique atento a sua língua e como palavras proferidas "contra seu irmão" podem manchar tudo por dentro; preste atenção em seu corpo e como pode usá-lo para manifestar a concordância com o pecado. Tudo isso vai enchendo o coração de impurezas, transformando-o em um depósito de lixo. Foi o que meu Filho tentou explicar aos fariseus e doutores da lei, quando disse que o que contamina o homem não é o que entra na boca, mas o que sai da boca; isso é o que contamina o homem, porque procede do coração. Não fique a fixar no "cisco que está no olho de seu irmão", antes reze ao Senhor para tirar a "trava" de seu olho. Reze por sua pureza e clame por misericórdia às ofensas da impureza, que ofendem tanto o coração de meu Filho.

† **Desafio do dia:** Rezar o salmo 50 (*miserere*) por 3 vezes, de joelhos e braços abertos, pedindo misericórdia por você e pelas almas consagradas.

## MEDITAÇÃO DIA 2
## O perfume do AMOR

*"O amor é paciente; o amor presta serviço; o amor é sem inveja; não se vangloria, nem se incha de orgulho. Não age com baixeza, não é interesseiro; não se irrita, não leva em conta o mal recebido. Não se alegra com a injustiça, mas se compraz com a verdade. Tudo suporta, tudo crê, tudo espera, tudo vence. O amor jamais se enfraquece; mas as profecias serão destruídas, o dom das línguas cessará e a ciência será destruída."* (1Cor 13,4-8)

Eu sou a Rosa do amor. Eu e meu Filho amamos tanto vocês, por isso sofremos por ver tantas almas se perdendo. Contemple meu Filho na cruz e perceba quanto amor tem em sua doação. Eu venho, através da escada do Jardim celestial repleta de rosas, convidar você a olhar para o altar do sacrifício e sentir como o amor se derrama todos os dias. Todos os dias nos altares do mundo, meu Filho se entrega por amor. O que entristece meu coração é quando meus filhos "jogam lama sobre o amor". O amor de Deus é imenso, e, quando o pecado domina, uma alma perde o brilho desse amor e penetra em trevas. O amor tem força para fazer uma oração por quem está intercedendo chegar ao coração de Deus. Toda a minha vida eu vivi para cuidar de meu Filho. Por amor fui sua primeira discípula e por amor aceitei livremente gestar mais filhos para entregar a Ele. Uma atitude sem amor é como uma flor que murcha e perde sua beleza, uma vida sem amor é como um jardim que está todo descuidado e perde seu esplendor. Satanás está jogando o "joio no trigo", semeando a erva daninha do ódio, criando divisões e penetrando uma mentalidade de desamor no mundo. Vigie, meu filho, e ore! Ore sem cessar, porque o inimigo está à espreita. Tudo faça por amor. Quando rezar, coloque amor em sua oração; se for fazer uma simples tarefa, coloque amor; se for corrigir seu irmão, faça-o por amor; onde for leve amor no coração. Sou a rosa plantada no jardim, onde a árvore é meu Filho, e para viver o amor faça como meu Filho ensinou: "Permanecei em mim, como eu em vós. Como o ramo não pode dar fruto por si mesmo se não permanecer na videira, assim também vós, se não permanecerdes em mim" (Jo 15,4), porque este é o mandamento que Ele nos exortou: "Isto vos mando: que vos ameis uns aos outros!" (Jo 15,17). Tome cuidado para não desprezar seu irmão ou ser injusto contra seu próximo, porque, do contrário, como pode dizer que ama a Deus. Faça atos e gestos de amor, fale palavras de amor e fuja do pecado. Com a rosa branca da oração na mão, exale o perfume do amor e realize gestos misericordiosos para com seus irmãos.

† **Desafio do dia:** Rezar hoje pelos doentes, pelos presos e pelos que estão sofrendo, em tantos lugares pelo mundo.

## MEDITAÇÃO DIA 3
## O perfume da HUMILDADE

*"Dos zombadores ele zomba, aos humildes, porém, concede a graça."* (Pr 3,34)

Eu sou a Rosa Mística e exalo o perfume da humildade. Quando proclamei o magnificat na casa de Isabel, eu estava cheia do Espírito Santo, que pronunciou em mim: "Minha alma engrandece o Senhor e meu espírito se alegra em Deus, meu Salvador, porque Ele olhou para sua humilde serva; pois daqui em diante todas as gerações proclamarão que sou feliz!" (Lc 1,46-48). A beleza da Rosa Mística encantou o coração de Deus, que procurou em seu jardim a alma humilde, simples e que queria agradá-lo. Entre tantas almas, tantas rosas de seu jardim da criação, Ele separou a que exalou o perfume da humildade. A soberba é um perigo de "morte", que afasta a criatura de Deus. Cuidado, meu filho! O anjo de luz caiu pela soberba e arrastou com ele muitos anjos, selando seu destino eterno. Procure sempre avaliar sua conduta e não deixe que seus bens, seus conhecimentos, seus dons e tudo que possui ou tem de talentos possam levá-lo a pensar que é mérito seu ou que já não precisa mais de Deus e de seus irmãos. Tenha sempre diante de você sua miséria, reconheça, busque o conhecimento de si e mergulhe tudo na misericórdia de meu Divino Filho. O cheiro asqueroso da soberba está presente em muitas almas que querem dominar os outros, que desprezam os pequeninos e que pensam que não precisam de Deus. Ajoelhe e humilhe-se diante do Senhor, e Ele o exaltará no tempo certo. Nunca pense que fez muito para Deus, porque será devedor pelas imensas graças que recebe todos os dias e pelos livramentos que Ele lhe concede. Observe o exemplo de humildade de tantas rosas do jardim celestial, que são os santos, e procure imitá-los. Reze como o publicano da parábola (Lc 18,9-14), não como o fariseu, e sempre se alimente da oração simples e humilde. Tenha sempre em mente que os orgulhosos irão cair e os justos e humildes se erguerão.

† **Desafio do dia:** Meditar na humildade de Nossa Senhora e nas palavras do Magnificat. Pedir ao Senhor a graça da humildade, meditando o texto da parábola do publicano e do fariseu (Lc 18,9-14).

## MEDITAÇÃO DIA 4
## O perfume da FÉ

*"Ora, sem a fé é impossível agradar a Deus; pois quem se aproxima de Deus deve crer que ele existe e que ele recompensa os que o procuram."* (Hb 11,6)

Minha fé nasceu desde quando eu era pequena, quando meus pais foram me ensinando e me levavam ao templo para aprender tudo sobre a história da salvação do meu povo. Desde criança, eu sentia uma força em meu coração, que me atraía para Deus, como uma rosa que está ligada ao jardim de sua origem. Sentia-me ligada ao paraíso, o jardim celestial, e amava escutar as histórias da fé de personagens como Abraão, Moisés, os profetas, mulheres como Esther, Ruth e Judite. Meu coração ansiava por saber mais e fazer memória, nas grandes festas e celebrações. Toda a minha confiança foi crescendo e fui depositando minha vida nas mãos de Deus. Eu ficava pensando e meditando sobre o plano de Deus. Até que um dia fui surpreendida pelo Arcanjo Gabriel, uma cena que nunca me saiu da mente, do coração e de minha alma. Tive medo a princípio, e foi minha fé que me levou a proclamar: "Eis aqui a serva do Senhor, faça-se em mim segundo tua palavra. E o anjo retirou-se de sua presença" (Lc 1,38). Eu não esqueço da expressão do Arcanjo Gabriel que ficou mais iluminada, com seu divino sorriso. O Céu se alegrou. E hoje, será que quando meu Filho vier vai encontrar fé sobre a terra? Ó meu filho, alimente sua fé, aprenda a história da salvação, leia e medite a Palavra de Deus, ensine a seus filhos as maravilhas do amor de Deus. Os pais estão deixando o mundo formar seus filhos, e estes não aprendem a admirar os heróis bíblicos, nem a conhecer e se sentirem atraídos pelas virtudes dos santos. Lembre-se do que meu Filho disse: "Ele respondeu: Porque é pequena vossa fé; pois, na verdade vos digo: se tiverdes fé do tamanho de uma semente de mostarda, podereis dizer a este monte: Sai daqui para lá, e ele sairá; e nada vos será impossível" (Mt 17,20-21). A oração com a Palavra de Deus é poderosa para fazer crescer em você o perfume da fé, eliminando dúvidas, desconfianças e incertezas, para que não se desvie, nem pela direita nem pela esquerda, do caminho de Deus. Desde o anúncio do Arcanjo Gabriel, passei por muitas provações, tive de conviver com desconfiança de outros em relação a minha gravidez, tive de fugir para o deserto às pressas, não tinha clareza de tudo, sofri pelo calvário de meu Filho, e neste deserto das dificuldades é que nasceu a rosa que exalou o perfume da fé; nas provações e dificuldades, esse perfume vai amadurecer. Meu filho, confie no Senhor e em minha proteção. Eu e meu Divino Filho estamos contigo!

† **Desafio do dia:** Meditar e rezar com a carta aos Hebreus, capítulo 11.

## MEDITAÇÃO DIA 5
## O perfume da ESPERANÇA

*"Javé é minha luz e minha salvação; de quem terei medo? É Javé quem defende minha vida; a quem temerei?"* (Sl 27,1)

Eu aprendi com meu povo a esperar em Deus. Naquele tempo havia sofrimento por causa da dominação romana, e o povo esperava a vinda do Messias. Eu nasci em uma família simples e humilde, em uma pequena casa, com as dificuldades de uma vida mais pobre. Nossa riqueza estava em Deus. Nele aprendi a esperar e confiar. Era como uma rosa que ainda não desabrochou, a mística da esperança. A esperança que, ainda que convivia com incertezas, sabia que o Senhor cumpriria suas promessas. Ouvia sempre em meu coração a frase do livro da vida: "Não temas, eu estou contigo". E fui alimentando no jardim de meu coração o que ia aprendendo na alma: Não tenhas medo! Não temas o que o espera, será fermento na massa! Sou um Deus que não falha, confia e verá minha providência! Lembra-se, enquanto viver, que não volto atrás em minhas promessas nem em minha palavra; se confiar, verá o que posso fazer a todo aquele que a mim confiar suas causas. Hoje, meu filho, pergunto-lhe: Onde põe sua esperança? Lembra-se de colocar sua esperança no Senhor e não no homem. Não coloque sua esperança em coisas ou em bens. Não permita que o medo ou as incertezas o façam perder a esperança no Senhor. Confia suas causas a Ele. Ainda que se sinta frustrado ou sem esperança, eu, como sua Mãe, posso ajudar você a chegar a meu Filho. Eu exalo o perfume da esperança. Aprenda a rezar o terço com confiança diariamente e confie em minha intercessão. E eu levarei a meu Filho suas angústias, tristezas, sua esperança, e Ele virá em seu socorro. Não se desespere e não se perturbe diante de nenhuma provação. Sou sua Mãe e estou com você. Hoje, eu quero ofertar-lhe meu perfume da esperança, quanto mais desejar mais receberá, quanto mais apresentar seus espinhos, mais vai desabrochar dentro de você a rosa da esperança. Meu Filho tem promessas para você. Confie e espere no Senhor, como diz o salmista: "Espera em Javé, sê forte, anima teu coração e espera em Javé" (Sl 27,14).

† **Desafio do dia:** Rezar o Terço, colocando suas causas ao Senhor, por intercessão da Virgem Maria.

## MEDITAÇÃO DIA 6
## O perfume do PERDÃO

*"E quando estiverdes de pé para rezar, se tiverdes alguma coisa contra alguém, perdoai, para que vosso Pai que está nos céus vos perdoe também vossos pecados."* (Mc 11,25)

A rosa branca em meu manto nasceu da espada e dos espinhos da dor que sofri pelo desprezo a meu Filho. Quanta maldade fizeram com Ele, quantas injúrias e calúnias, que como uma espada afiada foram cravadas em meu peito, conforme pronunciou o velho Simeão, no templo, que uma espada de dor transpassaria meu peito. Se não bastasse, era de se esperar gratidão, por parte dos homens, pelo ato de amor que salvou a humanidade, em vez disso ingratidão e desprezo aos ensinamentos e a meu Filho. O que fiz com esses espinhos e essa espada? Transformei-a na linda rosa branca da oração, pelo perfume do perdão. Em meus sofrimentos, eu não dei espaço para a ira e amargura, antes, estou a interceder por você, meu filho, e pela humanidade, clamando misericórdia aos pecadores. Aprenda de meu Filho que o perdão não dá espaço para o ódio e contemple suas palavras na cruz: "Jesus dizia: 'Pai, perdoai-lhes, porque não sabem o que fazem'" (Lc 23-34). Lembre-se que no Pai-nosso, que é a oração da unidade, Ele ensinou enfatizando que é preciso perdoar aqueles que nos ofenderam para que o Pai Celeste nos perdoe. Quando for orar, peça por seus inimigos e por aqueles que o perseguem; ore também por aqueles que ama e que o ofenderam, e quando fores apresentar sua oferta no altar reconcilie-se com seu irmão. As guerras provêm do ódio, porque nasceram da falta de perdão. Quantas enfermidades nascem da falta de perdão, e quanto o inimigo se aproveita para semear o ódio, porque não foi capaz de se perdoar. Na oração, o poder do perdão vai nascendo, assim os espinhos vão dando lugar a uma branca rosa, pura e perfumada, exalando o doce perfume que envolve todo o seu ser, curando, libertando e transformando a vida. No perdão, você vai fechar a "brecha" para que Satanás não possa penetrar em sua vida. Ele não suporta meus perfumes, que são virtudes, e o terreno de seu coração estará preparado para não deixar crescer a raiz do ódio e da amargura. Quando derem a você espinhos, oferece a rosa do perdão. Quando derem o "fel", oferece uma oração de perdão, como fez meu Divino Filho, na cruz.

† **Desafio do dia:** Fazer uma oração por todos aqueles que machucaram você, ao longo de sua vida. Ofereça uma rosa branca a uma pessoa que magoou você recentemente.

## MEDITAÇÃO DIA 7
## O perfume da SABEDORIA

*"Feliz o homem que encontrou a sabedoria e aquele que adquiriu o entendimento; porque sua posse é preferível à da prata e melhor que o ouro é seu lucro. Ela é mais preciosa que as pérolas, e nada do que desejas a pode igualar. Longos dias estão em sua mão direita, e em sua esquerda riqueza*

*e honra. Seus caminhos são caminhos deliciosos e todas as suas veredas conduzem ao bem-estar. É uma árvore de vida para quem a alcança, e quem a abraça é feliz."* (Pr 3,13-18)

A sabedoria eterna e encarnada veio habitar em meu interior, e o Verbo se fez carne e habitou, não somente em minha alma, também em meu corpo. Na igreja do oriente, os primeiros cristãos diziam: "Maria Rosa Mística, da qual nasceu Cristo, qual maravilhoso perfume". Eu sou a Rosa Mística, que sempre amei muito ao Senhor, que me conservou em seu paraíso, onde habitava a sabedoria; tive um igual amor e temor a Deus, pois o princípio da sabedoria é o temor ao Senhor. Ele, meu Divino Filho, é o sol da sabedoria, que sempre brilhou em meu jardim, e foi diante da luz desse sol que cresceu a rosa da sabedoria. Os raios de seu amor e a água viva de meu esposo, o Espírito Santo, fizeram florescer a verdadeira sabedoria. Onde andas, ó sabedoria!? A humanidade tem perdido o perfume da sabedoria de Deus, porque tem perdido o temor ao Senhor. Quantos filhos não respeitam mais as leis divinas e, na ignorância, caminham firmemente, deixando que falsas ideologias, ideias e crenças os arrastem para longe do conhecimento verdadeiro de Deus. A Rosa Mística, que exala o perfume da sabedoria, foi alimentada na presença constante do Senhor, no conhecimento e na compreensão diária da convivência com meu Filho, para entender a vontade de Deus. Quantas vezes eu não compreendia, porém guardava tudo no coração, meditava e nutria do amor e temor de Deus. Isso me fez fazer do silêncio interior o esplendor desse perfume. Deixe crescer dentro de você a sabedoria divina. Busque sua presença e se deixe alimentar pelo sol eucarístico de sua presença. Mergulhe na contemplação da criação e da adoração eucarística. Olhe para você e reconheça sua ignorância, para mergulhar no oceano da misericórdia divina, por meio da confissão. O perfume da sabedoria vai gerar em você a capacidade de discernir e escolher conforme a vontade de Deus, iluminando sua inteligência e sua alma, pois "de geração em geração se estende sua misericórdia sobre aqueles que o temem" (Lc 1,50).

† **Desafio do dia:** Fazer adoração eucarística. Procure uma igreja ou capela e busque adorar o sol eucarístico, a sabedoria eterna e encarnada.

## MEDITAÇÃO DIA 8
## O perfume da ALEGRIA

*"Alegrai-vos sempre no Senhor! Mais uma vez eu digo: alegrai-vos! Vossa bondade seja conhecida de todos. O Senhor está próximo! Não vos inquieteis com nada, mas em toda necessidade apresentai a Deus vossos pedidos com orações, súplicas e ações de graças."* (Fl 4,4-6)

Eu sou a Rosa Mística, a rosa com as pétalas abertas em constante louvor ao Pai celestial, na alegria de meu esposo, o Espírito Santo, e em união de corações com meu Filho. Minha alegria, meu filho, vem da unidade com a Santíssima Trindade, como sacrário vivo. Minha alegria é um doce perfume da união constante com Deus. Ainda que chore lágrimas de sangue e sinta-me ferida, pelo desprezo de tantos de meus filhos, não perco a alegria de ser toda do Altíssimo. Você pensa que sua felicidade advém da quantidade de bens que pode acumular, dos prazeres passageiros, que o tornam obstinado, e da fama que pode adquirir, sendo louvado e elogiado pelos homens. Frequentemente, na busca da felicidade na fonte de água que não mata a sede, acaba caindo no pecado, na frustração e em um insaciável vazio. Corre atrás de onde não vai chegar. Quando procura no lugar errado, entristece o Espírito Santo que habita em você, obstruindo a fonte de água vida e impedindo que a verdadeira alegria jorre em seu coração. Onde está sua alegria, meu filho? Sua alegria é ser de Deus. Procure na fonte de água viva, meu Divino Filho, que disse, no encontro com a mulher samaritana: "Respondeu-lhe Jesus: 'Todo aquele que bebe desta água terá sede outra vez; mas quem beber da água que eu lhe darei nunca mais terá sede; pois a água que eu lhe darei vai tornar-se dentro dele uma fonte de água corrente para a vida eterna'" (Jo 4,13-14). Se procurar verdadeiramente de todo o coração estar sempre na presença de Deus, Ele crescerá dentro de você, e a alegria de seu coração será perene, como um rio que corre abundantemente, junto a uma exuberante árvore. Assim, meu filho, ainda que passe por dificuldades, provações, perseguições, tentações e combates do inimigo, ainda que chore por você e pelos seus, irá manter sua alegria interna, e, em todas as ocasiões, exaltará o nome do Senhor e cantará seus louvores e sua misericórdia. Se ficar em Deus, nada roubará sua alegria; e, para ficar em Deus, esteja sempre com minha rosa branca da oração em suas mãos.

† **Desafio do dia:** Dar louvores a Deus, em profunda oração, por tudo, em sua vida.

## MEDITAÇÃO DIA 9
## O perfume da MANSIDÃO

*"Na ira não pequeis: que o sol não se ponha sobre vossa ira e não deis chance ao diabo. Aquele que roubava não roube mais; antes, trabalhe, fazendo o bem com suas mãos, para ter como socorrer os necessitados. De vossa boca não deve sair nenhuma palavra má; ao contrário, dizei alguma boa palavra, capaz de edificar quando necessário e de fazer bem aos que a ouvem. Não entristeçais o Espírito Santo de Deus, com o qual fostes assinalados para o dia da redenção. Expulsai de vossas vidas toda amargura, ira e indignação, clamor e*

*maledicência, bem como toda malícia. Ao contrário, sede bondosos e compassivos uns com os outros, sabendo perdoar uns aos outros como Deus vos perdoou em Cristo"* (Ef 4,26-32)

Os espinhos da raiva e da ira ferem muito o coração de meus filhos, muitas vezes, levando a "matar" sua paz interior e a dos irmãos, e, outras vezes, a violentar e tirar vidas. Quanto sofrimento a falta de mansidão tem trazido à vida de meus filhos! Anda preocupado em demasia, agitado, deixando a raiz da ira crescer dentro de você. É no silêncio da oração que esses espinhos irão dar lugar para crescer a rosa branca, que vai exalar o doce e suave perfume da mansidão. Procure, sem cessar, a oração, para o encontro íntimo com meu Filho, e lembre das palavras dele: "Vinde a mim, vós todos que estais cansados e oprimidos, e eu vos darei descanso! Tomai sobre vós meu jugo e aprendei comigo, porque sou manso e humilde de coração, e achareis descanso para vossas almas, porque meu jugo é suave e meu peso, leve" (Mt 11,28-30). Procure a oração, o silêncio e a meditação da Palavra de Deus; visite o Santíssimo Sacramento, em adoração mais vezes, para que seu coração se encha de mansidão, e será doce e suave com as palavras com seu próximo, pensará antes de falar palavras que machucam e tomar atitudes que irão provocar a raiva em seu irmão. Reze meu Terço, pronunciando calmamente as palavras e meditando sobre os mistérios, em meu jardim celestial, assim o levarei à doce presença de meu Filho e do Espírito Santo, que trabalhará em você o fruto da mansidão. Lembre-se: é na oração que encontrará suavidade para seu coração e aquietará sua mente, para que vença a agitação que o ronda.

† **Desafio do dia:** Rezar em silêncio e exercitar a mansidão com as pessoas.

# MEDITAÇÃO DIA 10
# O perfume da OBEDIÊNCIA

*"Vivemos na carne, é verdade, mas não combatemos segundo a carne. Não, as armas de nosso combate não são carnais, mas têm em Deus o poder de derrubar fortalezas. Destruímos os sofismas e toda potência altaneira que se levanta contra o conhecimento de Deus, e subjugamos todo pensamento para levá-lo a obedecer a Cristo. E estamos prontos a castigar toda desobediência, desde que vossa obediência seja perfeita."* (2Cor 10,3-6)

No Jardim do Éden, a desobediência fez os primeiros pais serem infiéis a Deus, e o pecado penetrou no coração humano. Meu filho, quantas vezes o jardim da alma tem sido manchado, porque sede à tentação!? Ore sem cessar, porque o espírito é forte, porém a carne é fraca. Por não orar e não ter intimidade com meu Filho, não ouve as inspirações que seu Anjo da Guarda lhe sopra em sua alma, fica surdo espiritualmente. Meu filho, muitas e muitas vezes, você tem sido "cabeça dura", como meu povo no deserto. Aprenda um ensinamento e faça o contrário do que aprende e atrai para você, a "desgraça da desobediência", e perde a graça, por isso é infiel. Lembre-se que a obediência traz a graça. Eu venho, como boa Mãe, recordar-lhe o valor da obediência no caminho de Deus, pois pela obediência esmaguei a cabeça da serpente. Eu venho chorando lágrimas de sangue porque sua infidelidade tem ofendido meu Filho e atraído para sua vida muitos sofrimentos. Venho, como Rosa Mística, porque as almas já não querem ouvir nem fazer a vontade de Deus, tão somente querem fazer sua própria vontade, que as leva a cometerem toda espécie de pecado e mancha o jardim da alma, obscurecendo o Espírito Santo. Aprenda de meu Filho, que, compreendendo o valor da obediência, humilhou-se até a morte, e morte de cruz. E o Pai o elevou acima de todo nome. Seja obediente à vontade de Deus, e a graça estará com você, em toda a sua jornada, onde andar e no que quer que faça. Pela obediência, vencerá o pecado e o mal.

† **Desafio do dia:** Escrever sobre suas atitudes de desobediência e rezar em cima delas. Peça ao Senhor a graça do perfume da obediência, a exemplo de Maria.

## MEDITAÇÃO DIA 11
## O perfume da SANTIDADE

*"Ainda não resististes até o sangue, em vossa luta contra o pecado, portanto, 'fortificai vossas mãos cansadas e vossos joelhos enfraquecidos'; 'endireitai os caminhos tortuosos para vossos pés', para que não se destronque o que é manco, mas antes seja curado. Procurai a paz com todos e a santificação, sem a qual ninguém verá o Senhor."* (Hb 12,4.12-14)

Minhas vestes são brancas, com três rosas estampadas. As vestes brancas que não se mancharam com o pecado. A santidade foi uma escolha de minha vida. Eu sou a Rosa Mística, e exalo o perfume da santidade. Meu filho, assim como você, eu fui exposta também a dificuldades e tentações. Eu escolhi a santidade. Ensinei a meu Filho as coisas de Deus, em sua infância, e aprendi dele, em cada etapa da vida, o que é ser santo. Não tire os olhos de meu Filho. Eu venho com locuções a meus filhos e intercedo sem cessar para que o pecado não os domine. Satanás tem tentado roubar o brilho da rosa branca, primeiro com o racionalismo, que pecado e inferno não existem; e para aqueles que ainda acreditam, tenta racionalizar que este ou aquele mal não é pecado. Ore sem cessar, meu filho, para que meu Divino Filho, por meio do Espírito Santo, conceda-lhe o dom do discernimento. Ore sem cessar, para que seja capaz de fugir do pecado. Lembre-se de que satanás quer relativizar as infidelidades, quer destruir as famílias, quer conduzir com todas as forças sua vida a pecar e ofender a Deus. Lave suas vestes no sangue de meu Filho e lute contra o pecado. O Rosário é minha coroa de rosas, que vai ajudá-lo a vencer esta luta. Aprenda de meu Filho, que estava em constante oração, que ia às montanhas para o encontro com o Pai e onde encontrava forças para sua missão. Meu filho, não pense que a santidade é um propósito distante de sua vida, pois o Pai e meu Filho nos convidam a sermos santos como Ele é santo, e nos deixou meu esposo, o Espírito Santo, que habita dentro de você para ser seu auxílio; e deixou esta sua Mãe, que intercede por você. Quis Deus que eu viesse à terra constantemente para ajudar meus filhos com orações, para que não se percam e voltem sua vida para o caminho da santidade. Lembre-se, meu filho, é estreita a porta que leva ao caminho do céu. Meu filho, escolha a santidade. Eis sua Mãe a seu lado para ajudar você. Que sua rosa branca da oração exale o mais belo perfume em odor de santidade.

† **Desafio do dia:** Meditar sobre como você pode ser mais santo no dia a dia e pedir essa graça a Jesus, pela intercessão de Maria Rosa Mística.

## MEDITAÇÃO DIA 12
## O perfume do ACOLHIMENTO

*"Então o rei dirá aos que estiverem à direita: 'Vinde, benditos de meu Pai, recebei em herança o reino que vos está preparado desde a criação do mundo. Pois eu estive com fome e me destes de comer, estive com sede e me destes de beber, fui estrangeiro e me acolhestes, estive nu e me vestistes, fiquei doente e me visitastes, estive na prisão e me fostes ver'."* (Mt 25,34-36)

Eu segurei e acolhi em meu colo meu Divino Filho. Eu desejo acolher cada filho que o Senhor me deu na cruz. Eu sou Rosa Mística e o acolho, meu filho. Quando o Anjo Gabriel me comunicou que eu seria Mãe do Salvador e me contou sobre Isabel, fui apressadamente para cuidar de minha prima, grávida e em idade avançada. O perfume do acolhimento é servir o próximo, escutar, cuidar e oferecer toda ajuda ao irmão. Quando apareci em Fontanelle, na Itália, expliquei que queria obras de caridade em torno daquela aparição. Ali nasceu uma fonte de água milagrosa e em torno dela nasceram obras para cuidar dos doentes. O perfume do acolhimento impulsiona o verdadeiro devoto a acolher a ovelha perdida, ainda que tenha de deixar as outras 99. Eu cuido de suas feridas e assim deve cuidar das feridas dos que sofrem. Em torno de meus devotos e de minha devoção devem nascer obras de misericórdia, pois isso agrada muito meu Filho e alegra meu coração. O acolhimento faz a rosa branca brilhar intensamente, pois: "Antes de tudo, conservai entre vós um grande amor, pois o amor cobre uma multidão de pecados" (1Pd 4,8). Lembre-se de que meu Divino Filho disse que todo aquele que acolhe qualquer um dos irmãos mais pequeninos é a Ele que acolhe, e isso será para você causa de salvação eterna. Eu choro por meus filhos que sofrem, eu sofro por aqueles que sofrem as dores no corpo, por tantos que estão passando fome e necessidade, pelos que se encontram nas prisões e por tantos andando pelas ruas e dormindo nelas, expostos a todos os vícios; pelos doentes que não podem se cuidar; eu choro lágrimas de sangue por aqueles que se afastaram de Deus e estão com suas almas em trevas, caminhando para a perdição eterna. Sou a Rosa Mística, Mãe da Igreja e Mãe de todos, e quero acolher em meu colo maternal meus filhos. Aprenda de meu Filho que Ele está de braços abertos e acolhe os que precisam. Aprenda do colo dessa sua Mãe Rosa Mística e seja colo para aqueles que precisam de seu acolhimento. Exale o perfume do acolhimento e estará recebendo em sua vida o próprio Cristo escondido nos mais pequeninos.

† **Desafio do dia:** Fazer um gesto concreto de acolhimento, no dia de hoje.

## MEDITAÇÃO DIA 13
## O perfume da PERSEVERANÇA

*"Aceita tudo o que te acontece; permanece firme na dor e paciente em tua humilhação, porque com o fogo se provam o ouro e a prata, e os eleitos no cadinho da humilhação. Crê em Deus, e ele te ajudará; espera nele, e dirigirá teus caminhos; conserva seu temor e nele permanece até a velhice."* (Eclo 2,3)

Sou a Rosa Mística e estou a florescer na igreja. Quero, meu filho, florescer em sua casa e em sua família. Em sua pressa e ignorância, você desanima da oração, por não conseguir rapidamente o que deseja. Chamo você, hoje, a perseverança na oração. Não desanime e não desista, porque no tempo certo a rosa desabrochará e o perfume da perseverança produzirá os melhores frutos. Eu e José andamos pelo deserto, com Jesus, para chegar ao Egito; moramos em povoados longe de casa, passando por momentos difíceis, na missão que nos foi confiada. Provados na fé, nós nos mantivemos perseverantes na vontade de Deus. É quando tudo está muito difícil em sua vida que você deve aumentar suas orações e manter-se firme no propósito. Não viva apenas uma fé imatura, sentimental, antes procure ser maduro na provação e ore, colocando sua confiança na providência de Deus. Pelos frutos conhecereis a árvore. Cuidado, e vigie para não ser como a figueira, que meu Filho amaldiçoou, por não dar frutos. Cuidado para você não secar como a figueira. Vejo almas secas na oração, tíbias, entregues ao encantamento e às paixões do mundo, deixando ser contaminadas pela malícia. Vejo almas que não leem mais a Palavra de Deus, e seus sentidos e vontade se enfraquecem, tornando-se presas fáceis do demônio. A oração permanente é a garantia de que os frutos virão. Persevere na oração! Não dê o tempo de Deus para outros afazeres, antes dê a Deus o que é de Deus. Quando tudo parecer trevas, não desanime e saiba que o Senhor está com você. Se contar com minha intercessão, irei fazer florir sua árvore da vida, exalando o perfume da perseverança.

† **Desafio do dia:** Rezar o Rosário, fazendo a experiência de perseverança na oração.

# 2ª PARTE

## A ROSA VERMELHA DO SACRIFÍCIO

## MEDITAÇÃO DIA 14
## 1ª Estação da Via-Sacra: JESUS É CONDENADO À MORTE

*"Com opressão e sentença injusta foi eliminado; quem se aflige por sua sorte? Sim, foi cancelado da terra dos vivos, pela iniquidade de meu povo foi ferido de morte."* (Is 53,8)

Imaginem, filhos, quão grande minha dor em saber que meu Filhinho, meu amado Jesus, foi condenado à morte. Ele, que não teve nenhuma culpa, que não teve nenhum pecado, carregou o pecado de toda a humanidade. Quão cruel foi essa condenação! Perdi os sentidos e caí por terra desmaiada, ao ouvir da boca de Pilatos que meu Santíssimo Filho morreria crucificado. Seria menos doloroso não acompanhar de perto aquele tormento, tamanha injustiça, mas meu coração materno não permitiria estar distante de meu amado, nesse momento de dor. Uni minhas lágrimas de sangue ao sangue derramado por meu Filho; ofereci minhas lágrimas e meu sofrimento em sacrifício pela humanidade, que naquele momento decidia pôr fim à vida de meu Jesus. Aquela espada de dor ainda continua a ser cravada em meu peito, porém, de meu coração, sai a rosa vermelha, que vem trazer as pétalas do sacrifício que cura, salva e liberta. É a rosa permeada do sangue redentor de meu Divino Filho. Filhinhos, ainda hoje, não os abandono; ainda hoje eu caminho a seu lado, em seu longo calvário nesta terra. Meu sacrifício continua sendo oferecido ao Pai por sua vida. Quanta dor ainda causa a meu coração ver tantos de vocês sendo condenados injustamente! Quanta dor dilacera minha alma quando muitos de meus pequenos sequer têm a oportunidade de se defender e são mortos, ainda no ventre de suas mães! Quanta dor eu sinto, quando vejo pais contra filhos, filhos contra pais, nação contra nação, famílias perdendo suas vidas, condenadas pelo ódio do inimigo de Deus pela humanidade. Rogo que se unam a mim e ofereçam sacrifícios de amor pela humanidade que sofre, este é o sentido da Rosa Vermelha.

† **Desafio do dia:** Rezar, se possível de joelhos, os Mistérios Dolorosos, por todos que estão sofrendo, especialmente aqueles que não têm como se defender.

## MEDITAÇÃO DIA 15
## 2ª Estação: JESUS LEVA A CRUZ

*"Carregando sua cruz, saiu para o lugar chamado o Crânio, em hebraico Gólgota."* (Jo 19,17)

Vendo ali meu filho tomar aquela pesada cruz e carregar em seu santo corpo, eu me estremeci por dentro, senti a dor e o peso que o início de sua caminhada dolorosa já provocara. A cruz parecia imensa para qualquer pessoa, era imensa para Ele, mas seu semblante, passivo e sereno, acalmava meu coração. Seu olhar era tão decidido que eu não ousaria questionar, embora sangrasse meu coração de mãe. E você, filho: o que está pesado em sua vida? Quais são as cruzes que tem carregado? Parece imensa, não é mesmo?! Não se desespere, mas assim como meu Jesus, caminhe serenamente na certeza de que não está sozinho, meu Filho!

A cruz pesa em muitos momentos, no entanto, neste vale de lágrimas, é necessário seguir o caminho sabendo que existem as pedras, e a porta do cristão é a porta estreita. Leve a cruz e aproveite cada momento para purificar sua vida e se aperfeiçoar no caminho da santidade. Estamos com você! Ainda que não esteja passando, neste momento, por uma grande tormenta, lembre-se de que já passou ou poderá passar; lembre-se de seus irmãos que estão passando dificuldades e seja solidário a meu Filho, que carrega a cruz, sendo solidário aos que sofrem. Hoje, eu quero presentear você com a rosa vermelha. Receba-a em seu coração, e o perfume do amor que advém do sacrifício de meu Filho vai lhe ensinar a seguir adiante com as cruzes de sua vida.

† **Desafio do dia:** Não murmurar ou reclamar de nenhuma pessoa ou situação. Em vez disso, louvar a Deus por tudo e por não estar sozinho!

## MEDITAÇÃO DIA 16
## 3ª Estação: JESUS CAI PELA PRIMEIRA VEZ

*"Mas eram nossos sofrimentos que ele tomou sobre si, eram nossas dores que ele assumiu; e nós o julgávamos castigado, ferido por Deus e humilhado. Mas foi traspassado por causa de nossos crimes, esmagado por causa de nossas iniquidades. Abateu-se sobre ele o castigo que nos traz a paz, e por suas*

*chagas fomos curados. Todos nós estávamos perdidos como ovelhas, cada qual seguindo seu caminho; e Javé fez recair sobre ele a iniquidade de todos nós."* (Is 53,4-6)

Que peso insuportável! Quão pesada era a cruz que meu menino carregava em suas costas! E não bastasse o peso da cruz, seus malfeitores não paravam de açoitá-lo. Cada açoite alcançava meu coração em dor, meu coração se dilacerava. Queria eu poder levar a cruz em seu lugar. Queria eu poder conter a fúria de seus opressores. Só podia rogar a Deus que lhe desse força para cumprir o que fora designado, e que Ele abraçara e aceitara tão amorosamente. Vê-lo ali, caído sob o peso daquela cruz, provocou-me uma sensação de desmaio, achei que não fosse suportar, tamanha era a minha dor, ao contemplar a dor de meu Divino Filho caído no chão. Igualmente grande é minha dor, ao ver tantos de meus filhos caídos sob o peso de seus pecados; meu

Filho Jesus já carregou a cruz por você, não se deixe escravizar pelos erros e pecados que o rodeiam. Resista ao mal! Aceite as pequenas cruzes diárias e una suas dores, quaisquer que sejam, à paixão de meu Filho. Colha o perfume da rosa vermelha com a misericórdia que meu Filho lhe deixou, por meio do sacramento da confissão. Meu coração se entristece, porque muitos dizem que não irão confessar-se com um homem como ele, porém se esquecessem que foi meu Filho que concedeu esta autoridade quando falou para meus queridos apóstolos: "Àqueles a quem perdoardes os pecados, serão perdoados; àqueles a quem os retiverdes, serão retidos" (Jo 20,23).

† **Desafio do dia:** Procurar se confessar, preparando e fazendo um bom exame de consciência para garantir uma boa confissão.

# MEDITAÇÃO DIA 17
## 4ª Estação: ENCONTRO DE JESUS COM SUA MÃE

*"Sião disse: 'Javé me abandonou, o Senhor me esqueceu'. Acaso uma mulher esquece seu bebê e deixa de comover-se pelo fruto de seu seio? Mesmo se as mulheres esquecessem, eu, porém, jamais te esquecerei. Eis que te gravei sobre a palma de minhas mãos, teus muros estão sempre diante de mim."* (Is 39,14-16)

Meus olhos encontraram os olhos de meu filho. Quanta dor e amor em um só olhar! Nossos olhares se cruzaram, em segundos de silêncio, que fizeram doces e amargas lágrimas derramarem de meu rosto. Percebi quanto sofrimento Ele estava sentindo, mas vi também sua coragem e decisão se fortalecerem. Era como se me dissesse (mesmo sem nada dizer): fique tranquila, mãe, estou bem, estou fazendo a vontade de meu Pai e salvando aqueles que Ele me confiou! As palavras de Simeão, de que uma espada de dor transpassaria meu coração, cumpriam-se ali naquele momento; meu coração estava sendo transpassado pela espada do sofrimento que meu filho carregava; ele estava sozinho, e eu queria poder fazer alguma coisa... mas sabia que, naquele momento, Ele precisava apenas que eu estivesse ali, a seu lado, caminhando com Ele, enquanto carregava nossas dores.

E assim também, filhinhos, eu sinto quando vejo suas pesadas cruzes serem carregadas por você e pelos seus; eu sinto como uma espada a transpassar meu coração de mãe, quando percebo seu olhar de desespero e sofrimento; mas você não está sozinho, estou com você, e onde eu estou, meu filho Jesus também está. Por isso faça sua caminhada de forma confiante, na certeza de que está sendo acompanhado e que suas orações não são em vão. O Pai sempre tira algo melhor de tudo. Seu sofrimento terá um propósito e você não sofre sozinho, pois estou a seu lado, caminhando com você!

† **Desafio do dia:** Fazer o exercício de contemplar o rosto crucificado de Jesus e unir os sofrimentos e as angústias dele a seus sofrimentos e suas angústias!

## MEDITAÇÃO DIA 18
## 5ª estação: SIMÃO DE CIRENE AJUDA JESUS A CARREGAR A CRUZ

*"Sede imitadores de Deus como filhos queridos e vivei no amor, como também Cristo vos amou e se entregou por nós, oferecendo-se a Deus em sacrifício de suave perfume."* (Ef 5,1-2)

Que alívio para meu coração de mãe saber que meu filho recebeu ajuda do Cirineu! Ele nem o conhecia, nem conhecia suas palavras de vida e salvação, mas fora ele, Simão, escolhido para ajudar o Salvador! Confesso que senti pena dele ter sido forçado pelos soldados a ajudarem meu Jesus, mas ao mesmo tempo tive gratidão a Deus pela oportunidade dada a Simão de caminhar ao lado do Amor, de meu amado Filho. Sabia que ele seria tocado por suas dores e teria ali uma oportunidade de salvação.

Caminha, filho, ao lado de meu Jesus! Faça o percurso de sua vida ao lado do Salvador e experimentará, ao longo do caminho, seu coração se comover, mudar e converter na direção da vida eterna! Seja o Simão, na vida de tantos que sofrem! Mesmo sem entender ou, em um primeiro momento, mesmo sem querer, seja ajuda a quem precisa. Meu Filho ensinou a respeito dos justos, no juízo final: "Aí o rei responderá: 'Na verdade vos digo: toda vez que fizestes isso a um desses mais pequenos dentre meus irmãos foi a mim que o fizestes!'" (Mt,25-40). E alertou a respeito de sua palavra aos injustos, no juízo final: "E ele lhes responderá: 'Na verdade vos digo: cada vez que deixastes de fazê-lo a um desses mais pequenos foi a mim que o deixastes de fazer'. E estes irão para o castigo eterno; os justos, porém, para a vida eterna" (Mt25,45-46). Então, seja auxílio, estenda sua mão e seu coração na direção daqueles que mais sofrem (eleitos de Jesus para o reino) e estará, dessa maneira, ajudando meu Filho a carregar a cruz. Seja Simão e terá a oportunidade de aliviar a cruz do Salvador, ao aliviar a cruz de seu irmão!

† **Desafio do dia:** Sair de casa com o firme propósito de ajudar alguém, material e/ou espiritualmente.

## MEDITAÇÃO DIA 19
## 6ª Estação: VERÔNICA ENXUGA O ROSTO DE JESUS

*"Já que vossa força não está no número, nem vosso poder nos valorosos; antes, vós sois o Deus*

*dos humildes, o socorro dos pequenos, o defensor dos fracos, o protetor dos abandonados, o salvador dos desesperados. Sim, sim, ó Deus de meu pai, Deus da herança de Israel, soberano dos céus e da terra, criador das águas, rei de toda a tua criação, ouvi minha oração."* (Jt 9,11-12)

Ó filha, Verônica, quanta coragem de enfrentar aqueles malfeitores e chegar até meu Jesus para enxugar-lhe o rosto! Quão grato ficou meu Divino Filho por receber aquela demonstração de carinho e cuidado! Ele estava exausto, só recebia injúrias e insultos de seus algozes. Seu rosto sangrava e seu sangue se unia a seu suor; aquele pano oferecido por Verônica aliviaria seu mal-estar. E em retribuição Ele lhe daria o registro daquele momento. O sangue do Salvador ficaria impresso não só em sua mente, mas também naquele santo pano, oferecido para alívio de sua dor. E você, filho, o que tem oferecido a Jesus? Lamúrias, reclamações? Ou tem louvado e reconhecido sua entrega amorosa e sua presença sempre salvífica em sua vida? O que tem ofertado a meu Jesus? O resto, o que lhe sobra (de seu tempo, do que tem e é)? Ou tem tido a coragem de, assim como Verônica, derrubar as barreiras que lhe são colocadas e seguir de maneira firme e determinada, sendo auxílio aos que mais precisam, sendo grato a Deus que levanta você todos os dias e tudo lhe provê? Sou sua Mãe e muito me agrada que alivie os sofrimentos atuais de meu Filho: ele sofre nos que sofrem, ele sente fome e frio nos indigentes, sente solidão nos que são esquecidos nos asilos e hospitais. Seja seu alívio! Venha oferecer-lhe o manto de sua vida e de seu coração; alivie o sofrimento de meu Jesus, aliviando o sofrimento de seus pequeninos! Assim, nosso Senhor vai imprimir em sua alma a marca de sua presença redentora.

† **Desafio do dia:** Visitar uma pessoa que está precisando de ajuda e oferecer o que lhe for possível.

## MEDITAÇÃO DIA 20
## 7ª Estação: JESUS CAI PELA SEGUNDA VEZ

*"Fica sabendo que nos últimos dias haverá momentos difíceis. Com efeito, as pessoas serão egoístas, ambiciosas, vaidosas, orgulhosas, difamadoras, rebeldes a seus pais, ingratas, sem religião, sem coração, desleais, caluniadoras, intemperantes, cruéis, inimigas do bem, traidoras, atrevidas, cegas pelo orgulho, mais amigas dos prazeres que de Deus, tendo aparências de piedade, mas renegando o que é sua força. Evita essas pessoas."* (2Tm 3,1-5)

Não eram só as agressões verbais, mas também as agressões físicas que maltratavam meu Jesus! A cruz lhe era pesada, mas ainda mais pesadas eram as palavras injuriosas e desprovidas de misericórdia de todos aqueles que zombavam e escarneciam de sua dor; aos quais meu amado apenas amou, curou e ofertou salvação. E Ele caiu de novo! Sua cruz e seu sofrimento eram enormes! Embora ainda maiores fossem seu amor e sua misericórdia! E enquanto se prostrava em terra só sabia clamar a Deus por todos aqueles que lhe maltratavam. Seu sofrimento era transformado em clemência e misericórdia, e suas dores eram verdadeiros sacrifícios de amor. Como foi difícil levantar do chão, no meio de tanta dor e fadiga! Não lhe ofereciam suporte, nenhuma mão lhe era apresentada para facilitar a retomada da caminhada; meu Jesus sabia que não havia chegado ao fim aquele tormento; precisava levantar e carregar em nosso lugar aquele sofrimento. A cruz lhe era pesada, mas muito mais pesado era pensar que poderíamos perder a vida eterna, se Ele não se fizesse vítima por nós! Isso o motivava a levantar e seguir, e assim o fez!

Como o coração de meu Filho está machucado pelas ingratidões daqueles que não reconhecem seu sacrifício de amor, desprezam-no, não o amam, não o esperam, não creem nem o adoram. Venho amorosamente pedir a você, meu filho, que faça sacrifícios pelas almas que estão a se dirigir apressadamente para a perdição eterna.

† **Desafio do dia:** Fazer ao menos 30 minutos de adoração a Jesus Eucarístico, meditando o mistério de sua Paixão e Morte, por amor a nós!

## MEDITAÇÃO DIA 21
## 8ª Estação: JESUS ENCONTRA AS MULHERES DE JERUSALÉM

*"Seguia-o grande multidão de povo e de mulheres, as quais batiam no peito e o lamentavam. Voltando-se para elas, disse Jesus: "Filhas de Jerusalém, não choreis por mim, mas chorai por vós mesmas e por vossos filhos, porque virão dias em que se há de dizer: 'Felizes as estéreis e felizes as entranhas que não geraram e os seios que não amamentaram!' Então começarão a dizer às*

*montanhas: 'Caí sobre nós!' e às colinas: 'Cobri--nos!' Porque, se fazem isto com o lenho verde, que se fará com o seco?"* (Lc 23,27-31)

Felizmente não existiam apenas pessoas insensíveis e cruéis, mas também pessoas piedosas, como aquelas mulheres, que tanta compaixão demonstravam para com meu Jesus! Era possível perceber suas dores e seus sofrimentos, ao verem o sofrimento de meu Divino Filho. Ao contemplarem o rosto de meu Senhor, tão abatido e desfigurado, elas se compadeciam, e tanto elas quanto seus filhos igualmente se afligiam, com tamanha dor e crueldade. Quantas mulheres carregam a dor no coração por seus filhos e marido! Quantas mulheres amargam a dor do sofrimento, choram, mantendo-se firmes diante da cruz. Por outro lado, eu choro e sofro porque muitas mulheres se afastaram do calvário e já não rezam nem fazem sacrifício por si e por seus filhos. Mães, orem por seus filhos! Mulheres, cuidado com o que o mundo oferece a vocês. Voltem a ter em suas mãos a rosa vermelha.

Também meu Jesus se compadece de vocês, meus filhos! Ainda hoje Ele olha para seus sofrimentos e tenta fazê-los compreender que nesta vida ainda haverão de sofrer, mas Ele já venceu a morte, por isso não precisam temer. O sofrimento e a dor terão fim, por isso precisam ter os olhos fixos na vida eterna, que já foi reservada a cada um de vós, pela paixão de cruz de meu Salvador. Tenham ânimo! E caminhem sempre na certeza de que meu Jesus e eu estaremos sempre a seu lado, compadecendo-nos de suas dores e fortalecendo seus passos. Olhos fixos no Senhor é o que precisam ter: olhos fixos no Senhor!

† **Desafio do dia:** meditar sobre todos os livramentos e todas as graças já derramadas por Deus em sua vida, anotando tudo. Após esse momento, agradecer a Deus todo o auxílio na caminhada.

## MEDITAÇÃO DIA 22
## 9ª Estação: JESUS CAI PELA TERCEIRA VEZ

*"Bendito o homem que confia em Javé e cuja confiança é Javé. Ele é como árvore plantada à beira-d'água, que estende para o riacho suas raízes; não teme quando vem o calor, suas folhas permanecem verdes; no ano da seca não se inquieta, nem deixa de dar frutos."* (Jr 17,7-8)

Quão pesada devia estar aquela cruz, não só pelo peso físico do madeiro, mas principalmente pelos pecados de toda a humanidade, que meu Filho aceitou carregar! Aquele longo percurso parecia não ter mais fim, e as forças de meu Salvador já iam se esvaindo. Ele caiu e com Ele caíram por terra as misérias, os pecados e sofrimentos dos filhos e filhas da humanidade toda! Queria ajudá-lo a se levantar! Queria segurar sua mão e colocar seu corpo junto a mim para ajudá-lo a reestabelecer suas forças, mas não me foi permitido! Sofri por pensar no sofrimento de meu Filho e também por não poder aliviar sua dor! Por um instante, pensei que não o veria mais com vida, tamanha parecia ser sua agonia, sob o peso daquela cruz. Sua respiração parecia paralisar por alguns instantes e com ela a minha também, fiquei sem fôlego para conseguir respirar; a dor consumia meu peito e meus pensamentos, não conseguia mais permanecer de pé e queria, mais do que nunca, abraçar e tirar do chão o corpo de meu Filho. Mas sua jornada ainda não havia chegado ao fim, e Ele voltou a respirar. Seus movimentos lentos e pesados revelavam que seu corpo físico já não estava mais suportando, mas seu olhar... ah, seu olhar, quanta mansidão e compaixão! Meu Filho compadeceu de seus opressores e ensinou mais uma vez a meu coração a confiar nos desígnios do Pai. Quanto sofre o Coração Sagrado de meu Filho e meu Coração Imaculado, por ver tantos filhos longe do bem, entregues à iniquidade e às seduções deste mundo. Vem, meu filho, participar desta caminhada da cruz; sinta-se chamado hoje para a missão de salvar almas. Lance também suas lágrimas e preocupações a mim e a meu Filho Jesus! Suporta com coragem sua cruz e grave em seu coração a certeza de que tem o auxílio do céu para continuar sua caminhada, até o fim!

† **Desafio do dia:** Fazer uma visita a alguém que está sofrendo (física ou emocionalmente) e levar o consolo de Deus a seu coração.

## MEDITAÇÃO DIA 23
## 10ª Estação: JESUS É DESPOSADO DE SUAS VESTES

*"Quando chegaram ao lugar chamado Gólgota, que quer dizer 'Lugar do Crânio', deram-lhe a beber*

*vinho misturado com fel. Jesus experimentou-o e não o quis beber. Depois de o crucificarem, dividiram suas roupas, tirando a sorte, e ficaram sentados ali montando guarda."* (Mt 27,33-36)

Não bastassem o sofrimento e a humilhação infligidos a meu Filho, seus opressores lançaram sortes sobre suas vestes. Fora despojado de tudo, mas ainda assim permanecia calado, sereno, sofrendo tudo com resignação e amor. Lembrei-me de quantas vezes lavei suas santas roupas, com alegria tocava em cada peça, agraciada por tamanha bondade e permissão de Deus para mim e José. Agora, vendo aqueles homens cruéis desfazendo-se de seu manto, sua faixa, ignorando a quantidade de sangue que jorrava sobre cada pedaço de pano. Ah, se eles soubessem o poder de cada gota de sangue ali derramada, se eles tivessem consciência de quão sagrada era cada tira de pano tocada por meu Filho, eles se arrependeriam de cada gesto leviano e cruel, que ali praticaram. Mas a Palavra estava se concretizando, essa dor eu não poderia deixar de passar. Meu Filho estava ali, entregando-se completamente. Até de suas roupas se despiu, e abraçou docemente a vontade do Pai, por amor a todos os seus filhos.

E você, filho, do que precisa despir-se hoje? Quais são as situações de pecado que ainda o afastam de meu Jesus e da graça do céu?

† **Desafio do dia:** Fazer um momento de silêncio interior e, conversando com Jesus, trazer a sua consciência todas as situações de pecado das quais você precisa desprender-se; se tem alguém que você precisa perdoar, vá e peça perdão, ou dê o perdão a quem o tiver ofendido. Por fim, faça um louvor a Deus pela graça concedida, neste momento.

## MEDITAÇÃO DIA 24
## 11ª Estação: JESUS É PREGADO NA CRUZ

*"Quando chegaram ao lugar chamado o Crânio, ali o crucificaram, como também aos malfeitores, um à direita e o outro à esquerda."* (Lc 23,33)

Meus olhos não mais aguentavam ver o horror a que meu Filho estava sendo submetido. Vê-lo ali, suspenso naquela cruz, fez-me quase desfalecer. Quanto sangue cobria seu rosto, bem como todo o seu santo corpo; seus braços e ombros pareciam deslocados pelos bruscos movimentos dos soldados para atá-lo à cruz. Quantas marteladas usaram para garantir que seus pés se sobrepusessem um ao outro e ficassem presos por aquele horrendo prego. Que desespero! Quanta dor! Sentia suas dores, por mais inaudíveis fossem suas palavras, em meio aos gemidos de dor. Não suportei ficar distante, tive de correr para os pés de meu menino ali crucificado; chegando mais perto, pude ouvir suas orações por seus malfeitores. No lugar da zombaria que o atribuíam, ele devolvia em súplicas de misericórdia ao Pai. Por alguns instantes, senti um consolo. Suas orações chegavam tão rapidamente ao coração de Deus, que eu podia sentir a calmaria, no meio daquele tormento. Dimas, crucificado à direita de Jesus, também percebia e era contemplado com aquele momento de graça, apesar da dor, porque reconheceu em seus últimos instantes de vida que Jesus era seu redentor. Lembre-se do diálogo: "Para nós é justo, pois recebemos o castigo merecido por nossas obras, mas este nenhum mal praticou". E dizia: "Jesus, lembra-te de mim quando vieres com teu Reino". Jesus respondeu-lhe: "Na verdade te digo: hoje estarás comigo no paraíso" (Lc 23,41-43).

Feche seus olhos, filho, contemple o amor de meu Filho Jesus por você. Ele faria tudo de novo, se necessário fosse. Faça-me companhia, em seus pensamentos, aos pés da cruz de nosso Senhor, e me ajude a fazer a verdadeira adoração que Ele merece, por tanto amor demonstrado pela humanidade toda.

† **Desafio do dia:** Rezar, de preferência de joelhos, o Terço do Amor (p. 158), oferecendo pelas almas do purgatório.

## MEDITAÇÃO DIA 25
## 12ª Estação: JESUS MORRE NA CRUZ

*"Era cerca da hora sexta quando o sol se escureceu e a terra inteira cobriu-se de trevas até a hora nona. A cortina do templo rasgou-se pelo meio. Gritando com voz forte, Jesus disse: 'Pai, em vossas mãos entrego meu espírito'. Dizendo isto, expirou."* (Lc 23,44-46)

Todo o céu se escureceu. A terra foi coberta por trevas. E meu coração parecia não mais bater, tamanha dor e solidão eu sentia. Tudo estava consumado! Por um lado, um alívio, por saber que meu Jesus não mais iria sofrer; mas, por outro, a espada de dor dilacerante, por ter visto morrer meu amado. Não tinha mais forças para chorar, e, por alguns instantes, parecia não ter forças nem ao menos para viver. Meu coração só repetia interiormente: "Jesus, meu Filho e meu Senhor, deixa-me morrer contigo!" Mas Ele tinha me confiado uma missão, eu deveria assumir a maternidade de toda a humanidade. Isso me trazia alento, propósito de vida, mas não diminuía minha grande dor. Fui consolada pelos amigos que ali estavam a meu lado. E um grande consolo brotava em meu coração por compreender que aquele bebê, gerado pelo Espírito Santo em meu ventre, nascera para esse momento: salvar toda a humanidade por meio de sua morte na cruz! Ali compreendi, mesmo que na dor, muitas coisas que eu guardava em meu coração. Deus me preparou para esse momento, embora fosse tão doloroso!!

Filho, una sua solidão a minha neste momento. Quero ficar a seu lado sempre e tê-lo como filho, e, com a ajuda do Espírito Santo, interceder para que você compreenda o inexplicável. Naquele momento de solidão aos pés da cruz, o que mais me consolou foi confiar nos desígnios de Deus. Convido você a isto: confiar nos desígnios de Deus para sua vida e entregar seus caminhos à misericórdia infinita dele. É da confiança em Deus que todo sacrifício se torna amor e misericórdia.

† **Desafio do dia:** Rezar com muita devoção o Terço da Misericórdia.

## MEDITAÇÃO DIA 26
## 13ª Estação: JESUS É DESCIDO DA CRUZ E ENTREGUE A MARIA

*"Depois disso, José de Arimateia, que era discípulo de Jesus, mas ocultamente, por medo dos judeus, pediu a Pilatos autorização para tirar o*

*corpo de Jesus. Pilatos permitiu. Foi, pois, e tirou o corpo de Jesus. Acompanhou-o Nicodemos, aquele que antes tinha ido de noite encontrar-se com Jesus, levando umas cem libras de uma mistura de mirra e aloés. Tomaram o corpo de Jesus e o envolveram em panos com os aromas, como os judeus costumam sepultar."* (Jo 19,38-40)

Eu estava com o corpo de meu Jesus no colo novamente, mas agora não mais com vida. Vi reprisar em minha mente cenas da infância de meu menino, quando tantas vezes o peguei no colo, acariciei-o e brincamos por longas horas. Seu sorriso preenchia tanto meu coração, que eu não precisava de mais nada! Naquele momento, não tinha mais seu sorriso, nem seus ternos braços a me envolverem e dizerem que me ama. Mas senti uma imensa gratidão, e em meu coração brotava uma oração: quão grandioso és meu Deus, por permitir-me tamanha graça! Viver tantos anos ao lado de meu Salvador! Louvado sejas para todo o sempre! Grandes são teus desígnios e misericordiosos são teus caminhos! Não conseguia compreender, como muitas vezes não compreendi, mas sabia que tudo, absolutamente tudo, estava sob o controle do Pai e confiava nele. Naquele momento, despedi-me de meu amado, com o coração ainda em chagas, mas confiante nos propósitos de Deus para toda a humanidade.

E você, filho meu, como anda seu coração? Quão confiante tem estado nos desígnios de Deus para sua vida? Convido você a me convidar, é isso mesmo: convida-me a andar com você, a ser sua intercessora; e eu, que não ando sem meu Jesus, levá-lo-ei a experimentar o Novo de Deus para sua vida.

† **Desafio do dia:** Rezar o Terço (se possível, o Rosário), fazendo o exercício da entrega de todas as áreas de sua vida à intercessão de Nossa Senhora e à vontade do Pai.

## MEDITAÇÃO DIA 27
## 14ª Estação: JESUS É SEPULTADO NO TÚMULO

*"No lugar em que ele foi crucificado havia um jardim e, no jardim, um sepulcro novo, no qual ninguém ainda tinha sido depositado. Foi ali que colocaram Jesus, por causa da Preparação dos judeus, pois o sepulcro ficava perto."* (Lc 19,41-42)

Ajudei a limpar e a ungir o corpo de meu amado Filho, para depois depositá-lo na sepultura. Despedi-me dele amorosamente e, à medida que tocava em sua suave e desfigurada pele, brotavam lágrimas em meus olhos. Sei que José gostaria de estar a meu lado, nesse penoso momento, em que sepultaríamos nosso Filho, mas também louvo a Deus ter poupá-lo de tamanha dor. Não sei como consegui forças para limpar-lhe suas feridas e fechar seus olhos entreabertos; ou melhor, eu sabia de onde vinha aquela força, vinha da fonte de toda graça, de Deus Pai todo-poderoso, que me sustentava em todos os momentos e especialmente nesse último martírio. Acompanhei o cortejo, ao levarem o corpo de meu Filho, para ser depositado e fechado no interior daquela rocha. La entrei para despedir-me mais uma vez, e confesso ser inexplicável a sensação de voltar para casa sem meu Filho. A saudade já batia às portas de meu coração, mas sabia que a muitos eu precisaria consolar, mesmo estando desconsolada. Deixei meu Jesus descansar seu santo corpo naquele túmulo e voltei para terminar de cumprir minha missão, abraçar e cuidar de tantos de meus "novos filhos", que também precisariam de consolo.

Sou a mãe das dores e conheço as dores de meus filhos, por isso traga a mim sua vida e seus projetos. Tenho consciência de que nada posso fazer por mim mesma, mas meu Filho tudo pode e é a Ele que recorro e intercedo por você. Eis que lhe apresento a rosa vermelha do sacrifício que carrego em meu peito.

† **Desafio do dia:** Rezar o Terço das Lágrimas de Sangue (p. 155), intercedendo por todos os que sofrem, especialmente pelos que se encontram no leito de hospital ou no leito de morte.

# 3ª PARTE

## A ROSA AMARELO-OURO DA PENITÊNCIA

# MEDITAÇÃO DIA 28
## Reparação 1:
## PELAS CRIANÇAS MORTAS POR SEUS GENITORES

*"Ouvistes o que foi dito aos antigos: Não matarás, mas quem matar será castigado pelo juízo do tribunal."* (Mt 5,21)

Meu filho amado, venho pedir que pense como sofri, quando naquela madrugada fui acordada por José para ir às pressas ao Egito, ao saber que Herodes havia mandado matar crianças inocentes. Naquela caminhada pelo deserto, eu meditava, chorava e rezava por cada uma daquelas crianças. Eu me lembrava do salmista que disse: "Os filhos são herança de Javé, é recompensa o fruto do ventre" (Sl 127,3). Herodes representa o fruto proibido do orgulho humano, de querer ser como Deus, atacando o direito sagrado da vida, acreditando que tem em suas mãos o poder da vida e da morte. Que tamanha ofensa sobe ao Altíssimo! Quando apareci no México, como Nossa Senhora de Guadalupe, havia muitos sacrifícios de crianças feitas em rituais pagãos. Revestida daquele jardim de flores, vim trazer o amor divino que fez cessar aquele pensamento, no meio daquele povo. Reparem! Reparem! Reparem os pecados contra as criancinhas, antes, durante ou após o nascimento! Esta é uma espada cravada em meu coração, que não quer cessar de sangrar. Intercedo sem cessar a meu Filho por tantos filhinhos, pequenas rosas de meu jardim, que, inocentes e indefesos, estão sendo mortos. Esta é uma ofensa cometida contra Deus. Reparem! Façam penitência! O Senhor é bondoso e misericordioso e deseja que a humanidade se converta do sofrimento causado aos pequenos. Eu oriento que toda genitora consagre seu filho a Deus, os pais rezem pela criança, durante toda a gravidez, tocando o ventre da mãe e já transmitindo amor à criança. Façam orações pela mãe e pelo pai, e os consagrem a meu Imaculado Coração e ao Coração de meu Filho. Toda criança nascida é um louvor a Deus. Sobre elas assim falou meu amado Jesus: "E perguntaram a Jesus: 'Estás ouvindo o que dizem?' 'Sim', respondeu Jesus. 'Nunca lestes que 'da boca das crianças e dos que ainda mamam obtiveste louvor'?" (Mt 21,16). Eu vos apresento a rosa amarela da reparação, o amarelo da luz de Deus, iluminando a mente da humanidade para se converter de suas crenças pecaminosas. Apresento-lhes o amarelo da vida contra a morte das alminhas inocentes. Apresento-lhes esta cruzada do amor. Intercedam comigo, meu filho, e levarei suas penitências e reparações ao Altíssimo, unindo-as às minhas, para que as pequenas flores do Jardim possam brotar e nascer para a vida. Reparem!

† **Desafio do dia:** Fazer jejum em reparação.

# MEDITAÇÃO DIA 29
## Reparação 2: PELA INOCÊNCIA ROUBADA DAS CRIANÇAS

*"E disse: 'Na verdade vos digo: se não vos converterdes e não vos tornardes como crianças, não entrareis no Reino dos Céus. Portanto, aquele que se fizer pequeno como esta criança é o maior no Reino dos Céus. E quem receber em meu nome uma criança como esta é a mim que recebe. Mas, se alguém for motivo de pecado para um desses pequenos que creem em mim, melhor seria para ele que lhe pendurassem uma pedra de moinho ao pescoço e o jogassem no fundo do mar. Infeliz do mundo porque existem escândalos! É inevitável que aconteçam escândalos, mas infeliz daquele pelo qual vem o escândalo!'"* (Mt 18,3-7)

Meu filho, hoje, meu coração grita: onde está, ó Deus, a inocência de nossas crianças? Quantos pequeninos se perdem por falta de conhecimento. Como o coração desta sua Mãe do Céu, que cuidou tão bem do Menino Jesus, está doendo por sentir o vazio de Deus no coração dos pequeninos? Muitos de meus pequenos estão ao relento, cobertos de perigos e expostos ao mal. Meu coração chora e derrama lágrimas de sangue, ao ver o abandono das crianças, expostas à mentalidade "pagã", vítimas das drogas, violência e prostituição, que abominam a santidade do trono de Deus. Eu choro pela ira da taça de Deus, que transborda pela pureza roubada, pelas crianças que não aprendem de seus pais a juntar as mãos e rezar, mas estão aprendendo de forma precoce as "artimanhas e armadilhas" para consumir. Desejam "tantas coisas", tantos prazeres do consumo, que são despertados precocemente. Onde estão os desejos do sagrado? Onde estão aqueles que deveriam ensiná-los e educá-los na fé? Recorde o que ensinou e alertou meu Filho aos discípulos: "Cuidado para não desprezardes nenhum desses pequenos, porque – eu vos afirmo – seus anjos no céu estão continuamente na presença de meu Pai que está nos céus" (Mt 18,10-11). Meu coração Imaculado se alegra e meu sorriso se ilumina quando meus pequeninos juntam as "mãos" e elevam suas preces ao Altíssimo, porque elas sobem como "bálsamo" a aplacar a ira de Deus. Em Fátima, eu escolhi meus pequeninos para rezarem o Terço, ensinei-os a reparar pelos pobres pecadores e pedir a paz ao mundo, assim a guerra acabou. É tão verdadeiro quando as crianças rezam o Terço, são ensinadas nas coisas do alto, e eu, como uma boa Mãe, apresento-as a Jesus, que deseja abraçá-las, amá-las e ser amado por elas... Onde está a inocência, senão na alma das crianças? O mal, ao atacar o corpo e a alma das crianças, ataca o próprio Deus... Portanto, venho convidá-los para uma cruzada do amor aos pequeninos, dando-lhes o amor de Deus, ensinando-os a rezar o Terço, em família. Ensinem aos pequeninos o quanto Jesus os amam e quanto são preferidos de Deus, e entrem na batalha espiritual, para preservar a pureza de seus corações. Não se pode deixar que os "inimigos" das inocentes crianças atuem livremente, sem criar barreira para a ação do maligno. Não sejam omissos, meus filhos, pois as crianças estão expostas aos males da modernidade e tecnologia. Entre nesta cruzada de evangelização das nossas crianças, sem medo, levando o amor a cada criança, para que elas se sintam abraçadas por mim, pois como cuidei de Jesus em meu colo, irei cuidar de salvar cada criança para meu Filho Jesus Cristo. Então cada criança receberá o sorriso desta Mãezinha do Céu, em seu coração e em sua alma.

† **Desafio do dia:** Rezar o Terço, se possível, com as crianças, evangelizando-as e falando do amor de Deus e dos perigos do mundo.

# MEDITAÇÃO DIA 30
## Reparação 3: PELA DESTRUIÇÃO DA NATUREZA

*"Deus disse: 'Façamos o ser humano a nossa imagem, como nossa semelhança; domine sobre os peixes do mar e sobre as aves do céu, sobre os animais domésticos, sobre todos os animais selvagens e sobre todos os répteis que rastejam pelo chão."* (Gn 1,26)

Filhinhos amados, o Pai Celestial é rico em bondade e dispôs de toda a beleza da criação em uma perfeita harmonia. O Planeta é a casa em comum dos filhos de Deus, e a natureza foi feita para ser cuidada e preservada para o bem de todos. O Pai deu o reinado dos animais e de toda a criação, para que, de geração em geração, pais e filhos pudessem louvar a Deus por sua grandeza e magnitude, cuidando com muito zelo e amor da "casa comum". Ó, que dor no coração celestial, pela natureza que geme de dor! Como sofro, com meu amado Filho Jesus, quando vejo a natureza sendo destruída e a intensidade dos desastres ambientais, afetando milhares de meus filhos pelo mundo, muitas vezes, levando-os à morte. A vontade do Pai Celestial é que cuidemos do meio ambiente, respeitando a criação e a herança, deixadas por Ele para nossa sobrevivência e evolução. A vontade da Santíssima Trindade não tem sido feita, gerando muitos sofrimentos às pessoas. O lucro desenfreado, que não respeita a criação, e a ganância dos homens, que não estão se preocupando com o futuro de seus próprios filhos, levarão a muitos desastres naturais, mais graves e mais intensos. Reparem, meus filhos, os pecados contra a criação de Deus! Muito alegra o coração de meu Filho que o sucessor de Pedro, o papa Francisco, defenda o cuidado com a natureza, sendo a voz de Deus a clamar pela criação. Escutem-no e defendam o meio ambiente, ensinem as crianças a cuidarem da natureza e sejam exemplos dignos de filhos amados do Pai Celestial. Os males da natureza, que têm sido causa de muito sofrimento, advêm de suas próprias escolhas. Reparem com orações e façam todo o possível para cuidar do meio ambiente, promovendo a defesa da natureza. É tempo de pedir perdão e clamar a misericórdia a meu amado Filho, voltando a valorizar todas as coisas e criaturas criadas pelo amor de Deus. É tempo da conversão ecológica, da preservação da vida, para que não sofram mais. É tempo de retorno à própria criação, com humildade de criatura que reconhece o Criador. Contemplem e louvem! Amem vosso Pai celestial amando toda a sua criação e poderão reverter todos os males que estão a cair sobre vocês e que podem intensificar-se ainda mais. Reparem! Oração, Sacrifício e Penitência! Unam sua voz à voz da Igreja de meu Filho e ensinem todos a cuidar da casa comum. Louvado seja Deus pela criação!

† **Desafio do dia:** Rezar um Terço ou Rosário, com amigos e familiares, em um lugar na natureza (poder ser feito em qualquer ocasião, antes do término dos 40 dias). Rezar pedindo a conversão ecológica e louvando a Deus pela criação.

# MEDITAÇÃO DIA 31
## Reparação 4:
## PELOS SACERDOTES, MEUS FILHOS PREDILETOS

*"Eu sou o bom pastor. O bom pastor dá a vida pelas ovelhas. O empregado, que não é pastor, pois as ovelhas não lhe pertencem, ao ver chegar o lobo, abandona as ovelhas e foge; e o lobo as arrebata e as dispersa. O empregado age assim porque não se importa com as ovelhas. Eu sou o bom pastor; conheço minhas ovelhas e minhas ovelhas me conhecem, como o Pai me conhece e eu conheço o Pai. Eu dou minha vida por minhas ovelhas."* (Jo 10,11-15)

Meus filhos, os sacerdotes são meus filhos prediletos, escolhidos por meu Filho para a missão de serem pastores a conduzir as ovelhas para a salvação. Como intercedo por eles! Vivemos tempos difíceis, em que meus filhos prediletos estão sendo atacados pelo demônio, que lhes fazem guerras, sem cessar. Os demônios sabem que se atacarem o pastor o rebanho será disperso. Muitos filhos prediletos estão esfriando sua fé e seu amor, esquecendo seu autêntico chamado. Muitos perderam sua fé e deixam levar-se pelo racionalismo e pelo pensamento do mundo. Ainda existem alguns que, como Judas, traem meu Filho. Muitos de meus filhos prediletos já não rezam mais como deveriam, já não fazem momentos de adoração e não meditam os mistérios divinos. Muitos já não defendem mais as verdades evangélicas. Em Montichiari, em minha primeira aparição a minha filha Pierina, eu estava com três espadas cravadas no peito e pedi orações, sacrifícios e penitências, para reparar três tipos de pecados cometidos pelas almas consagradas a Deus: A **primeira oração**, pelas almas que traem suas vocações, a **segunda**, para reparação dos pecados mortais dessas almas, e a **terceira** para reparar a traição dos sacerdotes que se tornaram indignos de exercer seu ministério. Eu lhes falo isso com muita tristeza. Meus filhos, a rosa amarelo-ouro em meu peito está brilhando intensamente, "porque desejo que imolem suas vidas para reparar as traições recebidas por

Nosso Senhor por causa dos sacerdotes-judas". "Desejo que existam pessoas que vivam com generosidade e amor, aceitando os sacrifícios, as provações e as humilhações para reparar as ofensas que meu Filho recebe das pessoas consagradas que vivem em pecado mortal." Hoje, esses pecados dos consagrados e a negligência com o rebanho são maiores do que quando apareci a minha filha Pierina, na Itália. Os pecados contra a pureza, feitos pelas almas consagradas, são os que mais ofendem meu Filho. Filhos, rezem pelos sacerdotes e pela santificação do clero. Rezem pelos bispos. Rezem pelo Papa. A meus devotos, quero lembrar que o dia 13 de todo mês deve ser de orações especiais pela reparação dos pecados das almas consagradas e que, ao meio-dia, faça-se a Hora da graça. Que o dia 13 seja um dia mariano especial de orações. Rezem com amor, sem julgamento. É tempo de filhos que ajudem meus filhos prediletos, na guerra espiritual contra as ciladas e maldades de satanás. Orem sem cessar e reparem por eles. Façam momentos de orações e vigílias, em sua igreja, pelos sacerdotes. Pela penitência, esses pecados podem ser reparados, e as almas consagradas que se converterem serão perdoadas e receberão muitas graças desta boa Mãe. Como desejo vivamente derramar muitas graças sobre meus filhos prediletos e todas as almas consagradas, que se aproximarem com humildade e amor de minha devoção. Eu sou a Rosa Mística, a rosa do Jardim de Deus, que intercedo e amo as almas consagradas.

† **Desafio do dia:** Rezar o Terço das Lágrimas de Sangue pelos sacerdotes, se possível, de joelhos.

## MEDITAÇÃO DIA 32
## Reparação 5: PELA FALTA DE UNIDADE NA IGREJA

*"Não rogo somente por eles, mas também por aqueles que, por meio de sua palavra, vão crer em mim; para que todos sejam um, assim como vós, ó*

*Pai, estais em mim e eu em vós; para que também eles sejam um em nós, a fim de que o mundo creia que vós me enviastes. Eu lhes dei a glória que me destes, para que sejam um, assim como nós somos um; eu neles e vós em mim, para que sejam perfeitos na unidade, e o mundo reconheça que vós me enviastes e que vós os amastes, como me amastes a mim."* (Jo 17,20-23)

Eu choro pela divisão da Igreja de meu Filho. O demônio está a dividir, como joio, a espalhar a falta de comunhão entre os pastores. Em Pentecostes, no cenáculo, meu Filho nos enviou o Espírito Santo, que nos deu a experiência de uma Igreja unida, comungando do amor e da obediência. A desobediência, meu filho, tem trazido a falta de unidade. Como é triste a meu coração ver a Igreja de meu Filho dividida, com pastores com pensamentos tão diferentes e dispersos, deixando a "fumaça de Satanás" entrar no trono de São Pedro. A divisão, entre os pastores, deixa os cristãos confusos e perdidos. É tudo que satanás e seus anjos têm trabalhado nos últimos tempos. Quanto tem entrado na Igreja de meu Filho uma mentalidade pagã e mundana, em que os pastores têm esquecido a essência do cristianismo e o que ensinaram os santos, ao longo da história. Cuidado! Pois o demônio tem seduzido muitos dos eleitos, com suas artimanhas, e dividido para vencer. Sua artimanha é colocar os pastores contra o próprio Papa, bispos contra bispos e sacerdotes contra sacerdotes, provocando a desobediência aos superiores, com o objetivo de enfraquecer a Igreja de meu Filho. As três rosas de meu peito é a presença da Santíssima Trindade, sendo a amarela a rosa do Espírito Santo. Meus filhos, deixem o Espírito Santo conduzir vocês, renovem a presença do Espírito Santo, para superarem a divisão e, assim como os primeiros cristãos, "serem um só coração e uma só alma". Estejam unidos a meu Filho e deixem o Espírito Santo conduzir vocês para que possam vencer os ataques de Satanás. Coloquem em primeiro lugar o servir, como ensinou meu Filho, e abandonem a motivação do poder, do dinheiro, do prestígio e das ideias mundanas, para que haja unidade entre todos vós. Eu clamo pela unidade. Peçam a mim para que eu envie a legião celeste de anjos para combater os espíritos malignos que instigam a desunião no meio de vocês.

† **Desafio do dia:** Meditar o capítulo 17 do Evangelho de São João e rezar o Terço da Misericórdia, em reparação pela falta de unidade na Igreja.

## MEDITAÇÃO DIA 33
## Reparação 6: PELOS PECADOS COMETIDOS CONTRA A SANTA EUCARISTIA

*"Com efeito, eu recebi do Senhor aquilo que, por minha vez, vos transmiti: o Senhor Jesus, na noite em que era traído, tomou pão e, depois de dar gra-*

*ças, partiu-o e disse: 'Isto é meu corpo, que é por vós. Fazei isto em memória de mim". Do mesmo modo, ao fim da ceia, ele tomou o cálice, dizendo: 'Este cálice é a nova aliança em meu sangue. Todas as vezes que dele beberdes, fazei-o em memória de mim'. De fato, toda vez que comerdes deste pão e beberdes deste cálice, anunciareis a morte do Senhor até que ele venha."* (1Cor 11,23-26)

Meus filhos, prestem atenção ao que vou lhes falar e exortar: olhem como a indiferença para com a presença de meu Filho na Santíssima Eucaristia entristece meu coração. Quantos crucificam meu Filho, novamente, quando enxergam apenas um "pedaço de pão" e, na verdade, deveriam adorá-lo, vendo-o com coração e acreditando com a mente que Ele está presente em corpo, sangue, alma e divindade. Percebam que mesmo entre os filhos eleitos, no próprio catolicismo, existem aqueles que duvidam e não prestam a devida reverência e adoração a meu filho. Meus filhinhos amados, se soubessem o manancial de graças que corre da Santíssima Eucaristia, jamais deixariam de recebê-la, mais vezes, e a receberiam com tamanha gratidão, que sua alma se ornaria da pureza das vestes brancas. Reparem tamanha ingratidão! Reparem pelas almas que não creem, não adoram, não amam e não esperam no Senhor. Reparem, porque muitas almas arrependidas no purgatório desejariam ter algumas horas de vida para adorar e amar meu Filho, vivo na Eucaristia, e não o podem mais fazer. Eu sou a Rosa Mística, e o sol eucarístico brilha sem cessar, em meu Jardim celestial. Rezem e reparem por todos aqueles que estão perdendo esse manjar dos céus. Reparem os que rejeitam meu Filho, que é alimento para satisfazer a fome das almas. Lembrem-se, meus filhos amados, que é na Santa missa que meu Filho se encontra, e venham adorá-lo em espírito e verdade, onde Ele se deixa encontrar da forma mais viva e pura. Como Rosa Mística trago-lhes a rosa amarela do amor eucarístico, para reparar as indiferenças e os pecados cometidos. Peço que o dia 13 de outubro seja o dia da comunhão reparadora. Não deixem que o pedido, que fiz a minha filha Pierina, em Montichiari, seja esquecido. Recebam a Santa Eucaristia, em reparação aos sacrilégios e às indiferenças.

† **Desafio do dia:** Fazer uma hora de adoração em reparação aos pecados cometidos contra a Eucaristia e/ou recebê-la em reparação.

## MEDITAÇÃO DIA 34
## Reparação 7: PELO DESPREZO AOS CORAÇÕES DE JESUS E MARIA

*"Vinde a mim, vós todos que estais cansados e oprimidos, e eu vos darei descanso! Tomai sobre vós meu jugo e aprendei comigo, porque sou manso e humilde de coração, e achareis descanso para vossas almas, porque meu jugo é suave e meu peso, leve."* (Mt 11,28-30)

O coração de meu Filho é um oceano de misericórdia, onde os pecadores podem encontrar alívio, consolação, cura e descanso. Meu coração Imaculado é o coração de Mãe que ama seus filhos e intercede, sem cessar, por suas vidas. O quanto nosso coração tem sofrido pelo desprezo de milhares de pessoas. Quantas almas estão cansadas e oprimidas e rejeitam nosso coração amoroso. Nosso coração, como águas refrescantes, deseja ardentemente molhar o deserto do coração humano; um fogo ardente de amor e caridade, que deseja queimar de amor cada alminha. Como tem ficado tão ofendido o coração de meu Filho, porque recebe indiferença e ofensas de tantos de meus filhos. Quantos não se aproximam de nosso coração e não se esforçam para beber desta fonte de graças, porque não sabem, ou não acreditam, ou porque não tem quem lhes evangelize. Enchem seus corações de paixões vazias, procurando a felicidade passageira. Quantos males, como depressão e ansiedade, têm trazido sofrimento para muitos. Oxalá procurassem o consolo de nosso coração e encontrariam a paz para sua vida, conforme prometeu meu Filho. Ó pobre coração de meu Filho, que tantas vezes espera gratidão e só encontra o fel da ingratidão! Ó pobres almas, que não conhecem o que meu Coração Imaculado pode fazer por elas! Vejam como a devoção ao Sagrado Coração de meu Filho esfriou-se na Igreja; em muitas casas, nosso coração estava em lindas imagens, consagrando e protegendo toda a família. Nos dias atuais, tem diminuído cada dia o número de famílias que são devotas de nosso coração. Nosso coração está triste, porque são poucos, entre meus filhos prediletos, que promovem essa devoção. Reparem, meus filhinhos, o desprezo a nosso coração.

† **Desafio do dia:** Rezar a Ladainha do Sagrado Coração de Jesus e a Ladainha do Imaculado Coração de Maria, pedindo

reparação, se possível, de joelhos. Se for oportuno, levar uma rosa amarela para uma imagem do Sagrado Coração de Jesus e/ou Imaculado Coração de Maria.

## MEDITAÇÃO DIA 35
## Reparação 8:
## PELA DESTRUIÇÃO DOS CASAMENTOS

*"Que o matrimônio seja honrado por todos e o leito nupcial, sem mancha. Pois Deus vai julgar os impuros e os adúlteros."* (Hb 13,4)

Vejam, filhos, como o inimigo de Deus tem incitado várias armadilhas para provocar a destruição dos matrimônios. Observem como ele tem implantado uma mentalidade de "normalidade", mesmo em situações que contradizem a Palavra e a vontade de Deus para as famílias. Muitos dizem que não existe nem mais pecado, assim abrem espaço para o maligno invadir seu lar, trazendo discórdias, falta de diálogo e adultérios. A oração deixou de ser o sustento diário de muitos casamentos e abriram-se as brechas para os planos de satanás contra a família. Sobe a meu coração a dor de tantas famílias que deveriam ser santuários de vida para gerar Deus, mas estão sendo usadas como abrigos do demônio. Quanta falta de amor, quanto excesso de amor-próprio e quanta indiferença, entre os familiares. Meu divino Filho não tem tido mais espaço em tantos lares, deixando de ser o centro para ser, algumas vezes, lembrado aos domingos, e muitas vezes nem isso. Meu amado Filho deixou de ser consultado e clamado nas decisões difíceis e nas decisões diárias do casal, sendo substituído por falsas crenças e valores, que de modo algum são capazes de trazer a paz e amor aos corações dos cônjuges e dos filhos. Filhos, levem meu precioso Jesus para o centro de seus relacionamentos; levem-no para ser adorado por vocês e por seus filhos e cônjuges. Aprendam a orar e ler a Palavra de Deus em família, reúnam vossos familiares para rezarem o Terço e pratiquem a oração uns pelos outros. Não deem espaço para a tentação, porque o espírito é forte e a carne é fraca. Portanto, fujam das ocasiões de pecado. Amem e respeitem uns aos outros. Desejem que vossas casas pertençam inteiramente a meu Coração Imaculado e ao Coração Sagrado de meu Divino Filho, e vereis o manancial de graças abrir-se na vida de vocês e na vida de seus filhos!

† **Desafio do dia:** Rezar o terço Mariano pela Libertação das Famílias.

## MEDITAÇÃO DIA 36
## Reparação 9: PELAS GUERRAS NO MUNDO

*"Eu vos deixo a paz; eu vos dou minha paz. Não vo-la dou como a dá o mundo. Que vosso coração*

*não se perturbe nem tenha medo."* (Jo 14,27)

Quantas guerras Satanás e os seus têm traçado contra o gênero humano. Ele vem inflamando o espírito dos homens de ódio para destruir as vidas de seus irmãos. Ele tem obscurecido a Inteligência de líderes mundiais, para reforçar sua sede de poder e suas crenças, que destroem a vida humana. São homens que procuram o poder e a imposição de seus ideais, utilizando suas forças para destruir, porém o que encontrarão serão morte e destruição. O coração desses homens está distante de meu Filho. Meu coração e o de meu Filho sentem muita tristeza quando muitos fazem guerras em nome de Deus. Cada dia, as guerras têm sido mais intensas e perigosas. Eis que o mundo passa por momentos de angústias, e a paz tem sido fortemente abalada. É a misericórdia o de meu Filho, junto ao Pai celestial, que tem segurado eventos piores e tem amenizado mortes e destruição. Eu, como sua boa Mãe, intercedo sem cessar pela paz no mundo e clamo a misericórdia de meu Filho. É tempo de muita penitência e reparação, e que o grito de clamor de sua oração seja pedindo paz ao mundo. Rezem pela conversão da Rússia, porque muitos males virão por meio dessa nação, como falei em Fátima. Rezem pela paz no oriente médio. Rezem pela paz universal. Rezem todos os dias pela paz. Reparem por tantas guerras no mundo e ajudem-me a levar um jardim de rosa amarelas de reparação a meu Filho. Recordem sempre que somente a paz de meu Filho é a paz verdadeira, não a paz que vem do mundo, pois a paz não pode vir do ódio e da injustiça.

† **Desafio do dia:** Rezar o Terço da Misericórdia, pedindo pela paz no mundo.

## MEDITAÇÃO DIA 37
## Reparação 10: PELOS SOFRIMENTOS DOS JOVENS

*"Lembra-te de teu Criador nos dias de tua juventude, antes que venham os dias tristes e cheguem os anos dos quais dirás: 'Não tenho neles nenhum gosto'."* (Ecl 12,1)

Filhos amados, meu coração imaculado sangra de dor, como uma espada a transpassá-lo continuamente, pelos sofrimentos que os jovens de todo o mundo têm enfrentado. O inimigo de Deus os tem amordaçado, calado sua forte voz, minado sua fé, distraído seus olhares e caminhos, introduzindo um liberalismo exacerbado, que não tem espaço para meu precioso Filho. Isso tem gerado jovens debilitados, emocional e espiritualmente. Crescem, mas continuam como crianças frágeis e imaturas, despreparadas para os desafios da vida. A palavra de meu Filho é ânimo para a juventude: "Eu vos disse essas coisas, para que tenhais paz em mim. No mundo tereis de sofrer; mas tende confiança: eu venci o mundo!" (Jo 16,33). Saibam que Ele não volta atrás na Palavra proferida ou na promessa feita. Meu precioso Filho afirmou que no mundo teriam aflições e que somente nele encontraríeis a paz. Creiam! Esse é o caminho! Essa é a solução para suas mentes agitadas e cansadas. Descansem suas preocupações e sua ansiedade em meu amado filho! Rezem com a Mística dessa rosa amarela da reparação, clamando pela cura e libertação dos jovens do mundo inteiro. Peçam ao Pai Celestial para que eles descubram o projeto de vida plena para a vida deles e refaçam o caminho de volta ao sacrário de meu Filho. Juntem-se a mim, na intercessão pela libertação de tantas almas presas, no cativeiro da morte, e verão a força da vida desabrochar e transformar nossos jovens em verdadeiros soldados de Deus.

† **Desafio do dia:** Rezar o Terço da Misericórdia pelos jovens.

## MEDITAÇÃO DIA 38
## Reparação 11:
## PELA DESTRUIÇÃO DA VIDA PELAS DROGAS

*"Assim Sodoma, Gomorra e as cidades vizinhas que se prostituíram do mesmo modo e se entregaram a vícios contrários à natureza são propostas como exemplo, sofrendo a pena de um fogo eterno."* (Jd 1,7)

Meu filho, quero convidá-lo a refletir sobre o quanto as drogas têm destruído a vida de tantas pessoas. Famílias sendo desintegradas, jovens perdendo sua força e beleza, entregues a outros tantos vícios e pecados. Enquanto plantamos o jardim do amor de Deus, o demônio planta droga da destruição da vida e da alma humana. Planta a ilusão no coração de tantos. Como o filho pródigo, muito alegre, meus filhos estão indo em busca da felicidade em um mundo irreal e ilusório. O demônio, com sua artimanha, apresenta a alegria e um anestésico para as dores profundas do coração e da alma, para depois deixar suas garras da destruição, da depressão e da dependência ao mal. Que grande dor trago em mim pelas dores e pelos sofrimentos de meus filhos, prisioneiros do mal, espalhado por toda a parte. Aí daqueles que promovem a degradação de seus irmãos, na ilusão do dinheiro fácil e do poder. A vida tem sido destruída pelas drogas, que causam morte e sofrimento. Esses filhos amados, como o filho pródigo, precisam saber que podem contar com minha intercessão e o amor de meu Filho. O Pai celestial os espera, confiem em seu amor! Seu lugar é junto do amor de Deus. Repare esses pecados para que esses filhos entreguem a mim seus prantos e voltem, porque estão comendo a lavagem dos porcos. Sou a Mãe dos aflitos, que consola os arrependidos; como desejo tirá-los das garras de satanás! Clamo por todos eles. Ajude-me, meu filho, a reparar esses pecados pela salvação de seus irmãos e façam tudo que tiver a seu alcance para ajudá-los a sair desse lamaçal. Seus atos de reparação irão agradar muito meu Divino Filho, que concederá muitas graças e libertações a meus filhos. Reparem e rezem!

† **Desafio do dia:** Fazer jejum pela libertação das drogas.

## MEDITAÇÃO DIA 39
## Reparação 12: PELOS QUE NÃO CONHECEM O AMOR DE DEUS E O DESPREZAM

*"Jesus afirmou-lhe: 'Eu sou a ressurreição e a vida. Aquele que crê em mim, ainda que morra, viverá. E todo aquele que vive e crê em mim não morrerá jamais. Crês nisso?'"* (Jo 11,25-26)

Quantos filhos vivem nas trevas porque não conhecem o amor de Deus e desprezam esse amor. Meu filho, repare por aqueles que não acreditam em Deus. Esses meus filhos não acreditam no céu e no inferno, e vivem sua vida como se o Pai Celestial não existisse. Quanta cegueira em sua mente, que deixa sua alma trancada para o imenso amor de Deus. Sem o verdadeiro amor, apegam-se às paixões e ilusões deste mundo. Esquecem de Deus e de tudo o que Ele providencia, todos os dias. Os que não conhecem o amor de Deus não temem por sua alma, perderam completamente o temor de Deus. Quando se perde o temor de Deus, perde-se a sabedoria. Quantas lágrimas de sangue derramo por meus filhos que caminham para a perdição eterna. Meu filho, estou na luta pelas almas criadas por Deus e o chamo à reparação para essas almas, pois os que não acreditam em Deus e desprezam seu Nome jamais verão a luz eterna, caso não se arrependam. Suas orações e reparações podem abrir o coração dos incrédulos para experimentarem o amor de Deus, assim se converterem e se salvarem. São poucos os que rezam e reparam por eles. Reparem para que esses filhos pródigos possam vir ao encontro do Pai. Reparem por aqueles que desprezam o santo nome de Deus. Eis que meu Filho os espera de braços abertos, enquanto existe o tempo da misericórdia. O amor de Deus não se cansa de esperar, porém o coração de meu Filho sente a dor do desprezo e da separação eterna dessas almas, afastando-se do paraíso. Suplico, mais uma vez, reparem por essas almas.

† **Desafio do dia:** Jejum e oração em reparação pelas almas que não acreditam no nome de Deus.

## MEDITAÇÃO DIA 40
## Reparação 13:
## PELO DESPREZO AO NOME DE MARIA E DE SUA SANTA E IMACULADA CONCEIÇÃO

*"Logo que Isabel ouviu a saudação de Maria, o menino saltou em seu seio, e Isabel ficou cheia do Espírito Santo e exclamou em alta voz: 'Tu és bendita entre as mulheres e bendito é o fruto de teu ventre! Como me é dado que venha a mim a mãe de meu Senhor? Pois assim que chegou a meus ouvidos a voz de tua saudação, o menino saltou de alegria em meu seio. Bem-aventurada aquela que acreditou que se cumpriria o que lhe foi dito da parte do Senhor!'"* (Lc 1,41-45)

Eu sou a Rosa Mística, a Imaculada Conceição. Quis o Pai dos Céus que eu fosse preservada em seu jardim, purificada, cuidada como uma linda rosa, para que em meu ventre imaculado desabrochasse para o mundo o mais belo perfume, que é meu

Divino Filho Jesus Cristo. Poderia um ventre, com o pecado original, receber o Filho de Deus, que é a essência da santidade? Como suspiro de dor e tristezas e me derramo em lágrimas por meus filhos que desprezam meu nome e não creem em minha santa e Imaculada Conceição. Meu filho, eu venho há muito tempo intercedendo pela humanidade; quantas locuções e graças concedidas para que não se desviem do caminho do Altíssimo apresentado por meu amado Filho. Sou um caminho seguro para chegar a meu Filho, como sua pura Mãe. Foi na cruz que, ao lado de meu amado João, Ele me entregou a todos como meus filhos e me instituiu Mãe de todos vocês: "Junto à cruz de Jesus estavam de pé sua mãe, a irmã de sua mãe, Maria, mulher de Cléofas, e Maria Madalena. Jesus, vendo sua mãe e, perto dela o discípulo que amava, disse a sua mãe: 'Mulher, eis aí teu filho'. Depois disse ao discípulo: 'Eis aí tua mãe'. E, desta hora em diante, o discípulo acolheu-a em sua casa" (Mt 19,25-27). Na aparição a meus pequeninos em Fátima, eu disse a eles: "Vistes o inferno, para onde vão as almas dos pobres pecadores. Para salvá-las, Deus quer estabelecer no mundo a devoção a meu Imaculado Coração. Se fizerem o que eu vos disser, salvar-se-ão muitas almas e terão paz. Meus amados, filhos, convido-os hoje à reparação dos pecados contra meu nome e de minha Santa e Imaculada Conceição. As ofensas e ingratidões que recebo diariamente ferem meu coração, repleto de espinhos, e ofendem e entristecem imensamente meu Divino Filho. As ofensas a minha Imaculada Conceição ferem a pureza do Altíssimo. Eis que a Rosa Amarelo-ouro da reparação é o que devem apresentar, meu filhos, para me alegrarem e deixarem contente meu Divino Filho. Meus amados filhos, eu amo vocês e estou sempre presente. Obrigado por serem fiéis a esta quarentena; muitas graças irão colher em meu jardim celestial.

† **Desafio do dia:** Rezar o Rosário, pedindo reparação.

## AMADO(A) FILHO(A)

Meu Coração Imaculado está repleto de alegria por você ter aceitado e feito esta jornada da quarentena comigo. Ficou em meu Jardim Celestial, e seu SIM fez mais vivas e iluminadas as rosas brancas, vermelhas e amarelas, que carrego em meu peito e se originam de meu roseiral de amor. Os filhos de Rosa Mística são jardineiros do amor, e eu os ensino a rezar, a sofrer e a reparar. Por meio desta jornada, meu filho amado, vi rosas que brotaram. Cada rosa precisa ser preparada no terreno, cuidada, molhada, podada, para que com amor possa formar o mais lindo botão. Um botão que enche nossos olhos de alegria. A rosa carrega seus espinhos e machuca a mão, e, nesta vida, você irá tocar os espinhos em alguns momentos. Vejo um jardim florido, e nele estão as rosas vermelhas, amarelas e brancas, cuidadas por esta sua boa Mãe. Um tapete de rosas muito bonito.

Cada alma é uma rosa que eu quero levar ao céu, para presentear meu Divino Filho. Se uma pessoa cuida com carinho para que a rosa cresça e fique linda, imagine o quanto Deus cuida de sua alma para que o mesmo aconteça?

Recorde sempre em seu coração que eu e meu Filho Jesus estamos sempre com você. Fique comigo na oração do Terço, na intercessão constante, em oração, sacrifício e reparação. Meu Filho o espera na adoração do Santíssimo e na Santa Missa. Cuide dos que mais precisam, pois neles encontrará a presença de nosso Senhor, e a caridade apaga uma multidão de pecados. Sua alma é como um jardim e precisa sempre ser cuidada, por isso seja sempre fiel a Deus e permaneça firme no caminho da porta estreita. Tome cuidado e vigie sempre, em todas as ocasiões, para manter-se inabalável nas virtudes da santidade, e meus perfumes são virtudes que o guiarão nesta caminhada.

Sua Mãe Rosa Mística, a Imaculada, que muito o ama.

Maria Rosa Mística, Mãe da Igreja.

# ANEXO

# TERÇO DAS LÁGRIMAS DE SANGUE

*"O inimigo foge onde ele é rezado."*
(Palavras da querida Mãe de Deus)

## Oração inicial

Jesus Crucificado! Ajoelhados a vossos pés, nós vos oferecemos as lágrimas de sangue daquela que vos acompanhou em vosso caminho sofredor da Cruz, com intenso amor participante. Fazei, ó bom Mestre, que apreciemos as lições que nos dão as lágrimas de sangue de vossa Mãe Santíssima, a fim de que cumpramos vossa Santíssima Vontade aqui na terra, de tal modo que sejamos dignos de louvar-vos no céu por toda a eternidade. Amém.

*Em vez do Pai-nosso, reza-se:* Ó Jesus, olhai para as Lágrimas de Sangue daquela que mais vos amou no mundo e vos ama mais intensamente no céu.

*Em vez das Ave-Marias, reza-se sete vezes:* Ó Jesus, atendei as nossas súplicas: em virtude das Lágrimas de Sangue de vossa Mãe Santíssima.

### Sete Mistérios (Dores de Nossa Senhora na terra)

1º A espada a transpassar a Alma, conforme a profecia do Velho Simeão, no Templo.

2º A fuga da Sagrada Família para o Egito.

3º Nossa Senhora perde seu Divino Filho por três dias.

4º O encontro com Nosso Senhor todo flagelado e carregando sua pesadíssima cruz nas costas.

5º A bárbara crucificação e morte de seu Divino Filho.

6º Nossa Senhora recebe em seus braços seu Filho inteiramente chagado e transpassado pela lança.

7º Nossa Senhora acompanha seu Divino Filho à sepultura.

**No fim, repete-se três vezes:** Ó Jesus, olhai as Lágrimas de Sangue daquela que mais vos amou no mundo e vos ama mais intensamente no céu.

**Oração final**

Ó Maria, Mãe de amor, das dores e de misericórdia, nós vos suplicamos: uni vossas súplicas às nossas, a fim de que Jesus, vosso Divino Filho, a quem nos dirigimos, em nome de vossas lágrimas maternais de sangue, atenda as nossas súplicas e se digne conceder-nos as graças pelas quais vos suplicamos a coroa da vida eterna. Amém.

Que vossas Lágrimas de Sangue, ó Mãe das dores, destruam as forças do inferno.

Por vossa mansidão divina, ó Jesus crucificado, preservai o mundo da perda ameaçadora! Amém.

## TERÇO DO AMOR

*No início, reza-se:* Pai-nosso, Ave-Maria, Credo.

*Na contas do Pai-nosso, reza-se:* Doce Coração de Jesus, sede meu amor! Doce Coração de Maria, sede minha salvação!

*Nas contas da Ave-Maria, reza-se:* Jesus, Maria, eu vos amo! Salvai as almas!

*No final do terço, reza-se:* Sagrado Coração de Jesus, fazei que eu vos ame cada vez mais *(3 vezes)*.

## POESIA ROSA MÍSTICA

*Por Gerard Manley Hopkins,*
*sacerdote Jesuíta*

A rosa em um mistério, onde ela é encontrada?
É algo verdadeiro? Ela cresce no chão? —
Foi feita de molde da terra, mas saiu dos olhos dos homens
e seu lugar é um segredo e fechado nos céus.
*Refrão:* Nos jardins de Deus, na luz do dia divina,
encontre-me um lugar perto de ti, minha mãe.

Mas onde ela estava antigamente? Qual é o local
que foi abençoado nela uma vez, embora agora não seja? —
É o crescimento da Galileia: cresceu pela vontade de Deus
e floresceu na colina de Nazaré.

Nos jardins de Deus, na luz do dia divina,
eu olharei para a tua beleza, minha mãe.

Qual era sua estação então? Há quanto
tempo?
Quando foi o verão que viu o botão desa-
brochar? —
Dois mil anos estão próximos do passado,
desde seu nascimento e sua floração e
sua respiração pela última vez.
Nos jardins de Deus, na luz do dia divina,
eu manterei o tempo contigo, minha mãe.

Diga-me o nome agora, diga-me seu
nome.
O coração adivinha facilmente: é o mes-
mo? —
Maria, a Virgem, bem o coração sabe,
ela é o mistério, ela é aquela rosa.
Nos jardins de Deus, na luz do dia divina,
eu voltarei para casa para ti, minha mãe.

Maria é a rosa então? Maria a árvore?
Mas a flor, a flor ali, quem pode ser? —

Quem pode ser sua rosa? Poderia ser
apenas uma:
Cristo Jesus, nosso Senhor, seu Deus e
seu filho.
Nos jardins de Deus, na luz do dia divina,
mostra-me teu filho, mãe, minha mãe.

Qual era a cor daquela flor brilhante? —
Branca para começar, branca imaculada.
Mas que rubor selvagem em seus flocos
estava,
quando a rosa correu em carmesim pela
madeira da cruz!
Nos jardins de Deus, na luz do dia divina,
eu adorarei suas feridas contigo, minha mãe.

Quantas folhas ela tinha? — Cinco eram
então,
cinco como os sentidos e membros dos
homens;
cinco é o número deles por natureza, mas
agora
eles se multiplicam, se multiplicam, quem
pode dizer como?

Nos jardins de Deus, na luz do dia divina,
faça de mim uma folha em ti, minha Mãe.

Também cheira doce naquele lugar sagrado? —
Doce para Deus, e a doçura é graça:
Ó Sopro dele banha o grande céu acima.
Em graça que é caridade, graça que é amor.
Para teu peito, para teu descanso, para tua glória divina
atrai-me pela caridade, minha mãe.

## ROSA MÍSTICA,
## O JARDIM CELESTIAL
## (Música)

*Letra, música e harmonia:* Daniel Braga Barbosa Alves de Melo

(Inspirada em sua experiência com o livro "Rosa Mística, o Jardim Celestial perfeito")

Nossa Senhora Mãe de Jesus, fostes por Deus Pai a escolhida,
Sacrário vivo, Gabriel anunciou,
com muito amor vem trazendo sua mensagem, foi a Pierina, enfermeira dedicada,
que na Itália recebeu sua aparição,
branca suas vestes com três rosas estampadas, de sacrifício, penitência e oração.
É para o mundo que eu te apresento Rosa Mística, num simples gesto desta minha devoção (bis);
nos ensinou coisas que Jesus dizia, para nos livrar da maldade e covardia,
dos seus perfumes tem pureza e humil-

dade, amor e fé, esperança e perdão, sabedoria, alegria e mansidão, santidade, fidelidade, acolhimento,

para que tenhamos perseverança, meu irmão,

agora, sim, eu restauro o meu jardim, um lugar novo de amor e comunhão.

É para o mundo que eu te apresento Rosa Mística, num simples gesto desta minha devoção (bis).

## AUTORES

**Gregório Ventura** e **Eliane Ventura** é um casal missionário Rosa Mística. São fundadores da Casa de Acolhimento Rosa Mística, que acolhe e cuida de mulheres em situação de rua e vulnerabilidade social. Já participaram do Grupo de Oração Rosa Mística, como intercessores e pregadores, e atuam também como palestrantes e pregadores. São pais de 3 filhos. Atuantes como leigos na Paróquia Nossa Senhora Rosa Mística, em Montes Claros, MG, têm realizado pregações em eventos ligados à Rosa Mística e em eventos marianos, em cidades no Brasil.

**Gregório Ventura** é consultor e mentor, atuando no desenvolvimento de pessoas e de organizações. Formado em Administração com MBA em Gestão Comercial. É palestrante e treinador de líderes. Foi Diretor da Associação Bom Pastor, que atuava com evangelização pela rádio, e durante muitos anos apresentou o programa Hora da Graça com Rosa Mística. É escritor dos livros: *Rosa Mística – o Jardim Celestial Perfeito, A liderança de Jesus, A hora da fé, Seja um fera em vendas, Empresa Júnior: inserindo o universitário no mercado de trabalho*. Coautor de *Virgem Maria – morada do mistério* e *Ferramentas de Coaching* entre outros.

**Eliane Ventura** é formada em economia e psicologia. Atua na logoterapia. Além de Gerente de empresas no ramo bancário, atende e acompanha clientes em sessões de terapia. É formada em logoterapia para atendimento de casais e famílias e em logoterapia em análise existencial. Possui MBA em Gestão empresarial. É pregadora da palavra, intercessora e já atuou na pastoral da escuta. É Presidente da Casa de Acolhimento Rosa Mística.

https://www.instagram.com/share/p/_2oA5bCSt

https://youtube.com/@osperfumesderosamistica?si=ssZGL2h8VFWt1Pfi

https://www.instagram.com/osperfumesderosamistica_?utm_source=qr&igsh=MWhkNnNpZzRiZnN0Yg==

# ÍNDICE